FILŌ   autêntica

Alain Badiou
A aventura da filosofia francesa
no século XX

ACRESCIDO DE
Heróis do Panteão: Lacan e Derrida

Tradução
Antônio Teixeira
Gilson Iannini

Copyright © La Fabrique-Éditions 2012
Copyright de "Jacques Lacan (1901-1981)" e "Jacques Derrida (1930-2004)" *in:*
 Petit pantheón portatif © La Fabrique-Éditions 2008
Copyright © 2015 Autêntica Editora

Título original: *L' aventure de la philosophie française depouis les années 1960*

Todos os direitos reservados pela Autêntica Editora. Nenhuma parte desta publicação poderá ser reproduzida, seja por meios mecânicos, eletrônicos, seja via cópia xerográfica, sem a autorização prévia da Editora.

Gilson Iannini

Gilson Iannini (UFOP); *Barbara Cassin* (Paris); *Cláudio Oliveira* (UFF); *Danilo Marcondes* (PUC-Rio); *Ernani Chaves* (UFPA); *Guilherme Castelo Branco* (UFRJ); *João Carlos Salles* (UFBA); *Monique David-Ménard* (Paris); *Olímpio Pimenta* (UFOP); *Pedro Süssekind* (UFF); *Rogério Lopes* (UFMG); *Rodrigo Duarte* (UFMG); *Romero Alves Freitas* (UFOP); *Slavoj Žižek* (Liubliana); *Vladimir Safatle* (USP)

Rejane Dias

Cecília Martins

Aline Sobreira

Diogo Droschi

Alberto Bittencourt (sobre foto de Siren-Com - <https://goo.gl/GY0YcF>)

Jairo Alvarenga Fonseca

Dados Internacionais de Catalogação na Publicação (CIP)
(Câmara Brasileira do Livro, SP, Brasil)

Badiou, Alain
  A aventura da filosofia francesa no século XX / Alain Badiou ; tradução Antônio Teixeira, Gilson Iannini. -- 1. ed. -- Belo Horizonte : Autêntica Editora, 2015.

  Título original: L'aventure de la philosophie française depouis les années 1960.
  ISBN 978-85-8217-565-1

  1. Filosofia - França - História 2. Filosofia francesa I. Título.

15-05327   CDD-194

Índices para catálogo sistemático:
1. Filosofia francesa   194

Belo Horizonte
Rua Aimorés, 981, 8º andar
Funcionários . 30140-071
Belo Horizonte . MG
Tel.: (55 31) 3214 5700

São Paulo
Av. Paulista, 2.073, Conjunto Nacional, Horsa I
23º andar . Conj. 2301 .
Cerqueira César . 01311-940 São Paulo . SP
Tel.: (55 11) 3034 4468

www.grupoautentica.com.br

Sumário

- 7. Prefácio
- 21. Gilles Deleuze. Sobre *A dobra: Leibniz e o barroco*
- 45. Alexandre Kojève. Hegel na França
- 53. Há uma teoria do sujeito em Canguilhem?
- 67. O sujeito suposto cristão de Paul Ricœur
- 83. Jean-Paul Sartre. Encantamento, desencanto, fidelidade
- 95. Louis Althusser. O (re)começo do materialismo histórico
- 121. Jean-François Lyotard. *Custos, quid noctis?*
- 137. Françoise Proust. O tom da história
- 149. Jean-Luc Nancy. A oferenda reservada
- 163. Barbara Cassin. Logologia contra ontologia
- 175. Jacques Rancière. Saber e poder depois da tempestade

Heróis do Panteão
- 205. Jacques Lacan (1901-1981)
- 209. Jacques Derrida (1930-2004)

- 219. Origem dos textos
- 221. Coleção FILÔ

Prefácio

Este livro é constituído por um conjunto de textos cujo único ponto em comum é o fato de versarem sobre filósofos de língua francesa que podemos declarar contemporâneos. "Contemporâneo" significa, nesse caso, que o essencial de sua obra foi publicado no período que recobre a segunda metade do século XX e alguns anos do presente século.

Não se trata de modo algum de uma seleção racional, de uma rede constituída de preferências, de uma antologia. Não. Tudo isso está ligado a circunstâncias particulares, e a contingência reina de tal modo que foram excluídos desse conjunto outros textos, do mesmo estatuto (sobre filósofos franceses contemporâneos), publicados, pela mesma editora, com o título de *Petit panthéon portatif*.[1] Solicito ao leitor que tome o presente livro e o *Petit panthéon* como um conjunto único.

Existem ainda, aqui e ali, outros textos do mesmo campo, que certamente ressurgirão um dia. Autores sobre os quais escrevi de maneira muito breve, ou muito esotérica, ou em revistas inencontráveis, ou segundo um impulso que não reconheço mais, ou em um contexto que exigiria precisar melhor, ou segundo uma dinâmica muito alusiva, ou sem levar em consideração obras posteriores que alteraram meu juízo,

---

[1] A presente edição inclui dois artigos extraídos do *Petit panthéon*, o artigo sobre Lacan e o sobre Derrida, apresentados ao final deste volume. O referido livro, como afirma o autor em sua introdução, por pouco não recebeu o título de *Orações fúnebres*, porque é constituído de necrológios em homenagem a alguns dos mais importantes pensadores franceses do século XX. (N.T.)

ou... que sei eu? Em suma, é necessário certamente que La Fabrique prepare, depois do presente livro e do *Petit panthéon*, um terceiro tomo, que abordará, entre outros – e para citar apenas os "antigos" cuja obra está amadurecida, estabilizada, ou que morreram cedo demais –, Gilles Châtelet, Monique David-Ménard, Stéphane Douailler, Jean-Claude Milner, François Regnault, François Wahl... Depois, eu acabarei tendo escrito, aqui e ali, sobre a importante e notável turba dos "jovens", os filósofos de 45 anos ou um pouco menos (em filosofia a maturidade é tardia).

Mesmo havendo aparência de panorama, vê-se que, na verdade, é apenas *work in progress*.

Para compensar o disparate e a contingência de tudo isso, gostaria de me dedicar a algumas considerações sobre o que convém chamar de "filosofia francesa", ainda que esse sintagma possa aparecer contraditório (a filosofia é universal ou não é filosofia), chauvinista (o adjetivo "francês" vale alguma coisa hoje em dia?); ao mesmo tempo imperialista (então, ocidentocentrismo ainda?) e antiamericano (o "*french touch*" contra o academicismo analítico dos departamentos de filosofia nas universidades anglofônicas).

Sem atentar contra a vocação universal da filosofia, da qual sou um defensor sistemático, é forçoso constatar que seu desenvolvimento histórico comporta descontinuidades no tempo e no espaço. Retomando uma expressão à qual Frédéric Worms deu pleno sentido, é preciso reconhecer que existem *momentos* da filosofia, localizações particulares da inventividade com ressonância universal de que ela é capaz.

Tomemos como exemplos dois momentos filosóficos particularmente intensos e identificados. Primeiro, o da filosofia grega clássica, entre Parmênides e Aristóteles, do século V a.C. ao III a.C., momento filosófico criador, fundador, excepcional e, afinal, bastante curto no tempo. Em seguida, o momento do idealismo alemão, de Kant a Hegel, incluindo Fichte e Schelling: ainda um momento filosófico excepcional, entre o fim do século XVIII e o início do século XIX, um momento intenso, criador e que durou apenas algumas décadas.

Digamos, pois, que vou batizar provisoriamente de "filosofia francesa contemporânea" o momento filosófico na França que, situado essencialmente na segunda metade do século XX, deixa-se comparar, por sua amplitude e por sua novidade, tanto ao momento grego clássico quanto ao momento do idealismo alemão.

Relembremos alguns marcos notórios. *O ser e o nada*, obra fundamental de Sartre, surge em 1943, e o último livro de Deleuze, *O que é a filosofia?*, data de 1991. Entre Sartre e Deleuze, podemos, em todo caso, nomear Bachelard, Merleau-Ponty, Lévi-Strauss, Althusser, Lacan, Foucault, Lyotard, Derrida... Às margens desse conjunto fechado, e abrindo-o até os dias de hoje, podemos citar Jean-Luc Nancy, Philippe Lacoue-Labarthe, Jacques Rancière, eu próprio... É essa lista de autores e de obras que chamo de "filosofia francesa contemporânea" e que constitui na minha opinião um momento filosófico novo, criador, singular e universal ao mesmo tempo.

O problema é identificar esse conjunto. O que aconteceu em torno dessa quinzena de nomes próprios que citei? O que se chamou (o "se" são frequentemente os intelectuais norte-americanos), nessa ordem, de existencialismo, estruturalismo, desconstrucionismo, pós-modernismo, realismo especulativo? Há uma unidade histórica e intelectual desse momento? Qual?

Vou proceder a essa investigação em quatro tempos. Primeiro, a questão da *origem*: de onde vem esse momento? Qual é sua genealogia? Qual é sua certidão de nascimento? Em seguida, tentarei identificar as *operações filosóficas* que lhe são próprias. Em terceiro lugar, abordarei uma questão fundamental, que é a *ligação entre filosofia e literatura* nessa sequência. Enfim, falarei da *discussão constante*, durante todo esse período, *entre a filosofia e a psicanálise*.

Para pensar a origem do momento filosófico francês da segunda metade do século XX, é preciso remontar ao início do século, quando começam a se constituir na filosofia francesa duas correntes verdadeiramente diferentes. Algumas indicações: em 1911, Bergson faz duas conferências muito célebres em Oxford, publicadas em seguida na compilação *O pensamento e o movente*. Em 1912, sai o livro de Brunschvicg, com o título *Etapas da filosofia matemática*. Essas duas intervenções (exatamente antes da guerra de 1914-1918, o que não é indiferente) fixam orientações inteiramente opostas para o pensamento, pelo menos na aparência. Bergson propõe uma filosofia da interioridade vital, que subsume a tese ontológica de uma identidade do ser e da mudança apoiada na biologia moderna. Essa orientação será seguida durante todo o século, até Deleuze, inclusive. Brunschvicg propõe uma filosofia do conceito, ou mais exatamente da intuição conceitual (oximoro fecundo desde Descartes), apoiada nas matemáticas, que descreve a constituição histórica dos simbolismos nos quais as intuições conceituais fundamentais são, de alguma forma, recolhidas. Também essa orientação, que enoda a intuição subjetiva aos formalismos simbólicos, continuou durante todo o século, com Lévi-Strauss, Althusser ou Lacan na margem mais "científica", Derrida ou Lyotard na margem mais "artística".

Temos, pois, no início do século o que eu chamaria de uma figura dividida e dialética da filosofia francesa. De um lado, uma filosofia da vida; de outro, para abreviar, uma filosofia do conceito. E esse problema, vida e/ou conceito, será o problema central da filosofia francesa, inclusive no momento filosófico de que se trata aqui.

Essa discussão a propósito de vida e conceito se abre finalmente sobre a questão do sujeito, que organiza todo o período. Por quê? Porque um sujeito humano é ao mesmo tempo um corpo vivo e um criador de conceitos. O sujeito é a parte comum às duas orientações: ele é interrogado quanto à sua vida subjetiva, sua vida animal, sua vida orgânica; e é igualmente interrogado quanto ao seu pensamento, sua capacidade criadora, sua capacidade de abstração. A relação entre corpo e ideia, entre vida e conceito organiza de modo conflitante o devir da filosofia francesa em torno da noção de sujeito – algumas vezes sob outros vocábulos –, e esse conflito está presente desde o início do século com Bergson de um lado e Brunschvicg de outro.

Muito rapidamente, dou algumas indicações: o sujeito como consciência intencional é uma noção crucial para Sartre e para Merleau-Ponty. Althusser, ao contrário, define a história como um processo sem sujeito e define o sujeito como uma categoria ideológica. Derrida, na descendência de Heidegger, considera o sujeito como uma categoria metafísica; Lacan cria um novo conceito de sujeito, cuja constituição é a divisão original, a clivagem; para Lyotard, o sujeito é o sujeito da enunciação, de tal modo que em última instância ele deve responder por ela diante da Lei; para Lardreau, o sujeito é isso acerca de que, ou de quem, pode ocorrer o afeto da piedade; para mim, não há sujeito senão de um processo de verdade, etc.

Notemos, ainda nesse tópico das origens, que poderíamos remontar a mais longe e dizer, no fim das contas, que há aqui uma herança de Descartes, que a filosofia francesa da segunda metade do século é uma imensa discussão sobre Descartes. Porque Descartes é o inventor filosófico da categoria de sujeito, e o destino da filosofia francesa, sua divisão mesma, é uma divisão da herança cartesiana. Descartes é, ao mesmo tempo, um teórico do corpo físico, do animal-máquina, e um teórico da reflexão pura. Ele se interessa, pois, simultaneamente pela física das coisas e pela metafísica do sujeito. Há textos sobre Descartes de todos os grandes filósofos contemporâneos. Lacan chegou até mesmo a lançar a palavra de ordem de um retorno a Descartes. Há um notável artigo de Sartre sobre a liberdade em Descartes, há uma tenaz hostilidade de Deleuze com relação a Descartes, há um conflito entre Foucault e Derrida a propósito de Descartes, há, definitivamente, tantos Descartes quanto há filósofos franceses na segunda metade do século XX.

A questão da origem nos dá, pois, uma primeira definição do momento filosófico que nos interessa: uma batalha em torno da noção de sujeito, que frequentemente toma a forma de uma controvérsia quanto à herança cartesiana.

Passando agora às *operações intelectuais* que podem identificar nosso momento filosófico, eu me contentarei com alguns exemplos que mostram principalmente a "maneira" de fazer da filosofia, que podemos chamar de operações metódicas.

A primeira operação é uma operação alemã, ou uma operação francesa que incide sobre um *corpus* extraído dos filósofos alemães. Com efeito, duplicando a discussão acerca da herança cartesiana, toda a filosofia francesa da segunda metade do século XX é, na realidade, uma discussão acerca da herança alemã. Houve momentos fundamentais dessa discussão, por exemplo, o seminário de Kojève sobre Hegel, que Lacan acompanhou e que marcou Lévi-Strauss. Houve também a descoberta da fenomenologia pelos jovens filósofos franceses dos anos 1930 e 1940. Sartre, por exemplo, modificou completamente sua perspectiva quando, durante uma temporada em Berlim, leu as obras de Husserl e de Heidegger diretamente no texto. Derrida é, de saída e antes de tudo, um intérprete absolutamente original do pensamento alemão. E depois há Nietzsche, filósofo fundamental tanto para Foucault quanto para Deleuze. Pessoas tão diferentes quanto Lyotard, Lardreau, Deleuze ou Lacan, todos escreveram ensaios sobre Kant. Podemos dizer, então, que os franceses foram buscar alguma coisa na Alemanha, nutrindo-se do vasto *corpus* que vai de Kant a Heidegger.

O que a filosofia francesa foi buscar na Alemanha? Podemos resumi-lo em uma frase: uma nova relação entre o conceito e a existência, que recebeu diversos nomes: desconstrução, existencialismo, hermenêutica. Mas, através de todos esses nomes, há uma pesquisa comum que é modificar, deslocar a relação entre o conceito e a existência. Como, desde o início do século, a questão da filosofia francesa era vida e conceito, essa transformação existencial do pensamento, essa relação do pensamento com seu solo vital interessava vivamente à filosofia francesa. É o que chamo de sua operação alemã: encontrar na filosofia alemã novas maneiras de tratar a relação entre conceito e existência. Trata-se de uma operação porque essa filosofia alemã tornou-se, em sua tradução francesa, no campo de batalha da filosofia francesa, uma coisa inteiramente nova. Uma operação muito particular que foi, se posso dizê-lo, o uso repetido, no campo de batalha francês da filosofia, de armas tiradas da filosofia alemã, com finalidades estranhas às dela.

A segunda operação, não menos importante, concernia à ciência. Os filósofos franceses da segunda metade do século quiseram arrancar a ciência do domínio estrito da filosofia do conhecimento. Tratava-se de estabelecer que a ciência era mais vasta e mais profunda que a mera questão do conhecimento, que era preciso considerá-la como uma atividade produtora, como uma criação, e não apenas como uma reflexão ou uma cognição. Eles quiseram encontrar na ciência modelos de invenção, de transformação, para finalmente inscrevê-la não na revelação dos fenômenos, na sua organização, mas como um exemplo de atividade de pensamento e de atividade criadora comparável à atividade artística. Esse processo encontra sua plena realização em Deleuze, que compara, de maneira muito sutil e íntima, criação científica e criação artística; mas começa bem antes, como uma das operações constitutivas da filosofia francesa, de que dão testemunha, desde os anos 1930 e 1940, as obras, de impressionante originalidade, de Bachelard (que se ocupava da física ou das matemáticas do mesmo modo como se ocupava da subestrutura subjetiva dos poemas), Cavaillès (que restituía a matemática à dinâmica produtiva no sentido de Espinosa), ou Lautman (para quem o processo demonstrativo é a encarnação de uma dialética suprassensível das Ideias).

Um terceiro exemplo: a operação política. Quase todos os filósofos desse período quiseram engajar com profundidade a filosofia na questão política: Sartre, o Merleau-Ponty de depois da guerra, Foucault, Althusser, Deleuze, Jambet, Lardreau, Rancière, Françoise Proust – bem como eu mesmo – foram ou são ativistas políticos. Assim como buscavam nos alemães uma nova relação entre conceito e existência, buscavam na política uma nova relação entre conceito e ação, em particular a ação coletiva. Esse desejo fundamental de engajar a filosofia nas situações políticas foi animado pela busca de uma nova subjetividade, inclusive conceitual, que fosse homogênea à potente emergência dos movimentos coletivos.

Chamarei de "moderno" meu último exemplo. Uma palavra de ordem: modernizar a filosofia. Antes mesmo que se fale todos os dias em modernizar a ação governamental (hoje em dia é preciso modernizar tudo, o que frequentemente quer dizer destruir tudo), houve nos filósofos franceses um profundo desejo de modernidade. Eles se dispuseram a seguir de perto as transformações dos costumes. Houve um interesse filosófico muito forte pela pintura não figurativa, pela nova música, pelo teatro, pelo romance policial, pelo *jazz*, pelo cinema. Houve uma vontade de aproximar a filosofia do que havia de mais denso no mundo moderno. Houve também um interesse muito vivo pela sexualidade, pelos novos estilos de vida. Houve igualmente uma espécie de paixão pelos formalismos da álgebra ou da lógica. Por meio de tudo isso, a filosofia procurava uma nova relação entre o conceito e o movimento das formas: as formas artísticas, as novas configurações da vida social, os estilos de vida, as formas sofisticadas das ciências literais. Com essa modernização, os filósofos buscavam uma nova maneira de se aproximar da criação das formas.

Esse momento filosófico francês foi então, ao menos, uma nova apropriação do pensamento alemão, uma visão criadora da ciência, uma radicalidade política, uma pesquisa de novas formas da arte e da vida. E por meio de tudo isso, tratava-se de uma nova disposição do conceito, de um deslocamento da relação do conceito a seu exterior. A filosofia quis propor uma nova relação com a existência, o pensamento, a ação e o movimento das formas.

A questão das formas, a busca de uma intimidade da filosofia com a criação de formas é aqui muito importante. Evidentemente, isso colocou a questão da própria forma da filosofia. Foi preciso transformar a língua da filosofia, e não apenas criar novos conceitos. Isso engajou uma relação singular da filosofia com a literatura, que é uma característica surpreendente da filosofia francesa do século XX.

Em certo sentido, é uma longa história tipicamente francesa. Não chamávamos de "filósofos", no século XVIII, gente como Voltaire, Rousseau ou Diderot, que são clássicos da nossa literatura? Na França, há autores que não sabemos se pertencem à literatura ou à filosofia. Pascal, por exemplo, que é certamente um dos grandes escritores de nossa história literária e certamente um dos nossos pensadores mais profundos. No século XX, Alain, um filósofo de aparência inteiramente clássica, um filósofo não revolucionário e que não pertence ao momento de que falo, é bastante próximo da literatura; para ele, a escrita é essencial. Ele busca, em seus textos filosóficos, uma espécie de brevidade formular herdada de nossos moralistas clássicos. Produziu, aliás, numerosos comentários de romances – seus textos sobre Balzac são excelentes – e da poesia francesa contemporânea, especialmente Valéry. Assim, até mesmo nas figuras "ordinárias" da filosofia francesa do século XX, podemos notar esse laço muito estreito entre filosofia e literatura. Nos anos 1920/1930, os surrealistas desempenharam um papel importante: eles também queriam modificar a relação do pensamento com a criação das formas, com a vida moderna, com as artes; queriam inventar novas formas de vida. Sua *démarche* era um programa poético, mas, na França, ela preparou o programa filosófico dos anos 1950 e 1960. Lacan e Lévi-Strauss frequentaram e conheceram os surrealistas. Mesmo um típico professor de filosofia à maneira da Sorbonne, como Alquié, estava envolvido com o meio surrealista. Há nessa história complexa uma relação entre projeto poético e projeto filosófico, de que os surrealistas – ou, do mesmo modo, Bachelard, numa outra vertente – são os representantes. Mas, a partir dos anos 1950/1960, é a própria filosofia que deve inventar sua forma literária; ela deve encontrar um laço expressivo direto entre a apresentação filosófica, o estilo filosófico e o deslocamento conceitual que propõe. Assistimos, então, a uma mudança espetacular da escrita filosófica. Muitos entre nós estamos habituados a essa escrita, de Deleuze, de Foucault, de Lacan; e nós nos representamos mal a que ponto ela constituiu uma ruptura extraordinária com o estilo filosófico anterior. Todos esses filósofos procuraram ter um estilo próprio, inventar uma nova escrita. Eles quiseram ser escritores. Em Deleuze ou em Foucault, encontramos algo de inteiramente novo no movimento da frase. Há um ritmo afirmativo sem concessão, um sentido da fórmula espetacularmente inventivo. Em Derrida, temos uma relação complicada e paciente da língua com a língua, um trabalho da língua sobre ela mesma, e o pensamento passa nesse trabalho como uma enguia entre as plantas aquáticas. Em Lacan, temos uma sintaxe complexa que se parece finalmente com a de Mallarmé. Há em tudo isso uma luta obstinada contra o estilo admitido da dissertação – ao mesmo tempo que esse estilo constantemente retorna, como vemos exemplarmente em Sartre, ou mesmo em Althusser, porque se trata de um fundo retórico contra o qual o combate é sempre incerto.

Quase poderíamos dizer que um dos objetivos da filosofia francesa foi criar um novo lugar de escrita, no qual a literatura e a filosofia seriam indiscerníveis; um lugar que não seria nem a filosofia como especialidade nem exatamente a literatura, mas que seria uma escrita onde não se pode mais distinguir a filosofia e a literatura, quer dizer, onde não se pode mais distinguir entre o conceito e a experiência da vida. Porque, finalmente, essa invenção de escrita consiste em dar uma vida literária ao conceito.

Através dessa invenção, dessa nova escrita, trata-se de dizer o novo sujeito, de criar, na língua, a nova figura do sujeito. Porque o sujeito moderno, último engajamento do momento filosófico francês, não pode ser o sujeito racional e consciente vindo diretamente de Descartes; nem pode ser, para dizer mais tecnicamente, o sujeito reflexivo; ele deve ser algo mais obscuro, mais ligado à vida, ao corpo, um sujeito menos estreito do que o sujeito consciente, alguma coisa que é como uma produção ou uma criação, concentrando nela forças mais vastas. Que ela adote, que ela retome a palavra "sujeito", ou que ela a destitua em proveito de outros vocábulos, é isso que a filosofia francesa tenta dizer, encontrar e pensar.

É por isso que a psicanálise é um interlocutor essencial, porque a grande invenção freudiana foi precisamente uma nova proposição sobre o sujeito. Com o motivo do inconsciente, Freud nos indica que a questão do sujeito é mais vasta do que a consciência. Ela engloba a consciência, mas não se reduz a ela. Tal é a significação fundamental da palavra "inconsciente", quando Lacan fala do "sujeito do inconsciente".

Resulta disso que toda a filosofia francesa contemporânea empenhou-se em uma grande e severa discussão com a psicanálise. Essa discussão, na França, na segunda metade do século XX, é uma cena de grande complexidade. Por si só, essa cena (esse teatro) entre a filosofia e a psicanálise é absolutamente reveladora. É que sua aposta fundamental é a divisão de duas grandes correntes da filosofia francesa desde o início do século.

Retomemos essa divisão. Temos, de um lado, um vitalismo existencial que tem sua origem em Bergson e que certamente passa por Sartre, Foucault e Deleuze; de outro lado, temos o que eu chamaria de um conceitualismo das intuições, que autoriza sua projeção formal, que encontramos em Brunschvicg e que passa por Althusser e Lacan. O que cruza ambos, o vitalismo existencial e o formalismo conceitual, é a questão do sujeito. Porque um sujeito é, finalmente, aquilo cuja existência porta o conceito. Ora, em certo sentido, o inconsciente de Freud ocupa exatamente esse lugar: o inconsciente também é alguma coisa de simultaneamente vital e simbólico, que porta o conceito.

Evidentemente, como sempre, a relação com aquele que faz a mesma coisa que você, mas o faz de maneira diferente é difícil. Podemos dizer que é uma relação de cumplicidade – vocês fazem a mesma coisa –, mas é também uma relação de rivalidade – vocês fazem de maneira diferente. E a relação da filosofia com a psicanálise na filosofia francesa é exatamente isso: uma relação de cumplicidade e de rivalidade. Uma relação de fascinação e amor, e uma relação de hostilidade e ódio. É por isso que essa cena é violenta e complexa.

Três textos fundamentais possibilitam ter uma ideia disso. O primeiro é o início do livro de Bachelard publicado em 1938, *A psicanálise do fogo*, que é o mais claro sobre essa questão. Bachelard propõe uma nova psicanálise, apoiada sobre a poesia, o sonho, que poderíamos chamar de uma psicanálise dos elementos: o fogo, a água, o ar, a terra, uma psicanálise elementar. No fundo, podemos dizer que Bachelard tenta substituir a constrição sexual, tal como encontramos em Freud, pelo novo conceito que ele chama de "devaneio". Ele pretende mostrar que o devaneio é algo mais vasto e mais aberto do que a constrição sexual. Encontramos isso muito claramente no início de *A psicanálise do fogo*.

No segundo texto, o fim de *O ser e o nada*, Sartre também propõe a criação de uma nova psicanálise, que ele chama de "psicanálise existencial". A cumplicidade/rivalidade é dessa vez exemplar. Sartre opõe sua psicanálise existencial à psicanálise de Freud, que ele qualifica de "empírica". Segundo ele, é possível propor uma verdadeira psicanálise teórica, ao passo que Freud propõe apenas uma psicanálise empírica. Se Bachelard queria substituir a constrição sexual pelo devaneio, Sartre quer substituir o complexo freudiano, quer dizer, a estrutura do inconsciente pelo que ele chama o projeto. O que define um sujeito para Sartre não é uma estrutura, neurótica ou perversa, mas um projeto fundamental, um projeto de existência. Temos também aí um exemplo perfeito de combinação entre cumplicidade e rivalidade.

A terceira referência é o quarto capítulo de *O anti-Édipo*, de Deleuze e Guattari, onde, outra vez, propõe-se substituir a psicanálise por outro método, que Deleuze chama de "esquizoanálise", numa rivalidade absoluta com a psicanálise no sentido de Freud. Em Bachelard, é o devaneio mais do que a constrição sexual; em Sartre, o projeto mais do que a estrutura ou o complexo; em Deleuze, o texto é inteiramente claro, é a construção mais do que a expressão – sua grande censura à psicanálise é que ela não faz mais do que exprimir as forças do inconsciente, ao passo que deveria construí-las.

Eis o que é extraordinário, eis o que é sintomal: três grandes filósofos, Bachelard, Sartre e Deleuze, propuseram substituir a psicanálise por outra coisa. Mas poderíamos mostrar que Derrida e Foucault alimentaram a mesma ambição...

Tudo isso desenha uma espécie de paisagem filosófica que é hora de recapitular.

Creio que um momento filosófico se define por um programa de pensamento. Evidentemente, os filósofos são muito diferentes, e o programa é tratado segundo métodos frequentemente opostos e acaba propondo realizações contraditórias. Podemos, não obstante, discernir o elemento comum que se refrata nessas diferenças e contradições: não as obras, não os sistemas, nem mesmo os conceitos, mas o programa. Quando a questão programática é forte e é compartilhada, há um momento filosófico, com uma grande diversidade de meios, obras, conceitos e filósofos.

Então, o que era esse programa, no curso dos últimos 50 anos do século XX?

Primeiramente: não mais opor o conceito à existência, acabar com essa separação. Mostrar que o conceito é vivo, que é uma criação, um processo e um acontecimento, e que, a esse título, ele não é separado da existência.

Segundo ponto: inscrever a filosofia na modernidade, o que também quer dizer retirá-la da academia, fazê-la circular na vida. A modernidade sexual, artística, política, científica, social: é preciso que a filosofia parta de tudo isso, incorpore-se nisso, mergulhe nisso. Para fazê-lo, ela deve, em parte, romper com sua própria tradição.

Terceiro ponto do programa: abandonar a oposição entre filosofia do conhecimento e filosofia da ação. Essa grande separação, que em Kant, por exemplo, atribuía estruturas e possibilidades diferentes à razão teórica e à razão prática, estava ainda há pouco na base da construção dos programas de filosofia das classes terminais.[2] Ora, o programa do momento filosófico francês exigia em todo caso que se abandonasse essa separação e que se mostrasse que o conhecimento é, ele próprio, uma prática, que mesmo o conhecimento científico é na realidade uma prática, mas também que a prática política é um pensamento, que a arte e mesmo o amor são pensamentos e não são de modo algum opostos ao conceito.

Quarto ponto: situar diretamente a filosofia na cena política sem passar pelo desvio da filosofia política, inscrever frontalmente a filosofia na cena política. Todos os filósofos franceses, para grande escândalo da maioria de seus colegas anglo-saxões, quiseram inventar o que eu chamaria de militante filosófico. A filosofia, no seu modo de ser, na sua presença, deveria ser não apenas uma reflexão sobre a política, mas sim uma intervenção que visasse tornar possível uma nova subjetividade política. Desse ponto de vista, nada é mais oposto ao momento filosófico francês, nada mostra mais claramente seu fim do que a voga atual da "filosofia política". É o retorno um tanto triste à tradição acadêmica e reflexiva.

Quinto ponto: retomar a questão do sujeito, abandonar o modelo reflexivo e, assim, discutir com a psicanálise, rivalizar com ela e fazer tão bem quanto ela, senão melhor do que ela, no que concerne ao pensamento de um sujeito irredutível à consciência, e consequentemente à psicologia. O inimigo mortal da filosofia francesa de que se trata aqui

---

[2] Dentro do sistema educacional francês, a classe terminal é o terceiro e último ano do liceu (ensino médio), que habilita o aluno a prestar a prova do *baccalauréat*, que, por sua vez, dá acesso ao ensino superior. Os programas de filosofia são estabelecidos por decreto ministerial e são bastante amplos, tanto do ponto de vista histórico quanto temático. (N.T.)

é a psicologia, que constituiu por muito tempo a metade do programa de aulas de filosofia, que o momento filosófico francês tentou esmagar e cujo retorno, a voga contemporânea, significa que talvez um período criador tenha se acabado, ou vai se acabar.

Enfim, sexto ponto: criar um novo estilo de exposição filosófica, rivalizar com a literatura. No fundo, inventar uma segunda vez, depois do século XVIII, o escritor-filósofo. Recriar esse personagem que ultrapassa o mundo acadêmico, que ultrapassa também, hoje, o mundo midiático e se faz conhecer diretamente, por sua fala, por seus escritos, suas declarações e seus atos, porque seu programa é interessar e modificar a subjetividade contemporânea, se ouso dizer, *por todos os meios*.

É isso o momento filosófico francês, seu programa e sua grande ambição. Creio que havia aí um desejo essencial. Uma identidade, fosse ela a de um momento filosófico, não é a identidade de um desejo? Sim, havia, há um desejo essencial de fazer da filosofia uma escrita ativa, quer dizer, o meio de um novo sujeito, o acompanhamento de um novo sujeito. E então, o desejo de fazer do filósofo outra coisa além de um sábio, o desejo de acabar com a figura meditativa, professoral ou reflexiva do filósofo.

Fazer do filósofo outra coisa além de um sábio é fazer dele outra coisa além do rival de um padre: fazer dele um escritor combatente, um artista do sujeito, um amante da criação. Escritor combatente, artista do sujeito, amante da criação, militante filosófico são palavras para esse desejo que atravessou esse período e que era que a filosofia *agisse* em seu próprio nome.

Tudo isso me faz pensar numa frase de Malraux que ele próprio atribui a De Gaulle em seu texto *Les Chênes qu'on abat*: "a grandeza é um caminho em direção a algo que não conhecemos". Creio que a filosofia francesa da segunda metade do século XX, o momento filosófico francês, propôs à filosofia preferir o caminho ao conhecimento do objetivo, a ação ou a intervenção filosófica à meditação e à sabedoria. Ela foi uma filosofia sem sabedoria, o que hoje lhe é censurado.

Desejávamos não uma separação clara entre vida e conceito, não que a existência como tal fosse submetida à ideia ou à norma, mas que o próprio conceito fosse um caminho de que não conhecemos forçosamente o objetivo. A filosofia deveria esclarecer as razões pelas quais esse caminho, cuja abertura é decidida e cujo objetivo é parcialmente aleatório ou obscuro, é justamente – o que quer dizer: em conformidade com a justiça – aquele no qual é preciso se engajar.

Sim, a filosofia desse momento é, foi, a assunção de um pensamento, imperativo e racional, quanto às sendas obscuras da justiça – eu digo por conta própria: de uma verdade – que a época nos convida a construir no momento mesmo em que as tomamos de empréstimo.

É por isso que temos o direito de dizer que houve na França, no século XX, destinado a instruir a humanidade inteira, um momento de aventura filosófica.

Gilles Deleuze
Sobre *A dobra:*
Leibniz e o barroco[1]

---

[1] DELEUZE, Gilles. *Le Pli: Leibniz et le baroque*. Paris: Les Éditions de Minuit, 1988. [Para as citações de Deleuze adotamos, com algumas modificações, a tradução brasileira: *A dobra: Leibniz e o barroco*. Trad. Luiz B. L. Orlandi. Campinas, SP: Papirus, 1991. Para verter os conceitos, adotamos também, na maior parte das vezes, as soluções propostas em seu "Glossário da tradução", publicado no referido livro. (N.T.)].

Em 1987, François Wahl – meu editor na Seuil desde o início dos anos 1960 – teve a ideia de criar um Anuário filosófico que desse conta, todo ano, dos livros lançados que nos parecessem merecê-lo, e isso sem considerar nem os modos, nem a facilidade dos livros em questão, nem a eventual estranheza de sua orientação. Quem era esse "nós"? Além do mestre de obras, havia Christian Jambet, Guy Lardreau, Jean-Claude Milner e eu mesmo. Essa iniciativa foi abandonada pela Seuil por seu insucesso tão completo quanto injustificado. Com efeito, a amplitude da visão e a força dos artigos publicados eram geralmente excepcionais. É preciso confessar que o pouco eco também era. De toda forma, fico muito feliz de ter podido testemunhar neste artigo, publicado no número 2 do Anuário, minha admiração combinada por um antigo (Leibniz) e um moderno (Deleuze), aos quais, aliás, eu não deixei de me afrontar.

Um livro nos propõe um conceito (o de Dobra). Esse conceito é apreendido em sua história, variado em seus campos de exercício, ramificado por suas consequências. Além disso, é distribuído de acordo com a *descrição* de seu local de pensamento e segundo a *narração* de seus usos. Ele é inscrito como lei, tanto do lugar quanto do que acontece.[2]

---

[2] Badiou recorre frequentemente ao jogo entre *"lieu"* (lugar) e *"avoir lieu"* (ter lugar, ocorrer, acontecer). (N.T.)

Ele é *isso de que se trata*, são as últimas palavras da última página: "trata-se sempre de dobrar, desdobrar, redobrar" (DELEUZE, 1991, p. 208).

Uma exposição de Leibniz – constante, fina e instruída do mais sutil detalhe – serve de vetor à proposição conceitual de Deleuze. A penúltima palavra do livro é: "permanecemos leibnizianos" (p. 208). O que importa, vê-se, não é Leibniz, mas que, compelidos a dobrar, desdobrar, redobrar, nós, modernos, permanecemos leibnizianos.

Trata-se de saber o que significa esse "permanecer".

Iremos discutir academicamente a exatidão histórica (muito grande e muito bela: um leitor perfeito) de Deleuze? Iremos opor um Leibniz nominalista e astucioso, um eclético arguto, àquele, tão deliciosamente móvel e profundo, de que Deleuze exibe o paradigma? Agrimensura dos textos? Querela genealógica?

Deixemos isso de lado. Esse livro raro, admirável, propõe-nos uma visão e um pensamento do *nosso* mundo. É preciso falar dele de filósofo para filósofo: beatitude intelectual, gozo de um estilo, entrelaçamento de escrita e pensamento, dobra do conceito e do não-conceito.

Haveria necessidade também, talvez, de uma discussão, mas seria difícil, porque ela começaria por um debate sobre o desacordo, sobre o *ser* do desacordo. Porque para Deleuze, depois de Leibniz, não se trata do verdadeiro e do falso, mas do possível ao possível. Leibniz ainda colocava aí alguma medida divina (o princípio do melhor). Deleuze, nada. Nosso mundo, de um "cromatismo estendido", é uma cena, idêntica, "onde Sexto viola *e* não viola Lucrécia" (p. 112). Um desacordo é o "e" do acordo. Basta, para perceber a harmonia, mantermo-nos na comparação musical dos "acordes não resolvidos" (p. 112).[3]

Para guardar a tensão atenta da *disputatio* filosófica não há outro recurso a não ser manter o fio do conceito central, mesmo que fosse contra a sinuosidade equânime de Deleuze. É preciso, absolutamente, desdobrar a Dobra, forçá-la a alguma desdobra[4] imortal.

Operemos no jugo de um triedro, tripla deserção do laço em que Deleuze nos captura.

---

[3] Deleuze faz uso proposital da polissemia do vocábulo francês *"accord"*, que designa em português "acordo" como também "acorde", no sentido musical. (N.T.)

[4] A fim de manter a distinção entre *"dépli"* e *"dépliement"*, adotaremos a solução proposta por Luiz Orlandi em seu Glossário à tradução do referido livro de Deleuze: "desdobra" e "desdobramento". (N.T.)

A Dobra é inicialmente um conceito *antiextensional* do Múltiplo, uma representação do Múltiplo como complexidade labiríntica diretamente qualitativa, irredutível a qualquer composição elementar que seja.

A Dobra é, em seguida, um conceito *antidialético* do Acontecimento, ou da singularidade. É uma operação de "nivelamento" do pensamento e da individuação.

A Dobra é finalmente um conceito *anticartesiano* (ou *antilacaniano*) do Sujeito, uma figura "comunicante" da interioridade absoluta, que se iguala ao mundo, do qual ela é um ponto de vista. Ou ainda: a dobra autoriza que se pense uma enunciação sem enunciado, ou um conhecimento sem objeto. O mundo não será mais o fantasma do Todo, mas a alucinação pertinente do Dentro como puro Fora.

Todos esses "anti" com doçura, a maravilhosa e capciosa doçura do estilo de exposição de Deleuze. Sempre afirmar, sempre refinar. Dividir ao infinito para confundir a própria divisão. Encantar o múltiplo, seduzir o Um, ligar o inverossímil, citar o incongruente.

Mas cortemos. Cortemos rente.

O Múltiplo, a organicidade

Não é impondo bruscamente uma ordem que, de imediato, derrotaremos a esquiva deleuziana. Um exemplo: o livro mal tinha 20 linhas e nos defrontamos com isso: "o múltiplo é não só o que tem muitas partes, mas o que é dobrado de muitas maneiras" (p. 14). Poderíamos ser tentados a objetar imediatamente: primeiro, a composição de um múltiplo não se faz de suas *partes*, mas de seus *elementos*. Em seguida, o *pensamento* de uma dobra é seu desenrolar-múltiplo, sua redução à pertença elementar, do mesmo modo que o pensamento de um nó se dá no seu grupo algébrico. Enfim, como "o que é dobrado de muitas maneiras" poderia estar *exposto* à dobradura, topologizado em inumeráveis dobras, se não fosse primeiramente inumerável em seu ser-múltiplo puro, seu ser cantoriano, sua cardinalidade indiferente a toda dobra, porque ela dele detém o ser, como múltiplo *sem qualidade*?

Entretanto, o que vale essa pontuação nos termos, ou nos parâmetros, de Leibniz-Deleuze? A ontologia conjuntista dos elementos e da pertença é recusada por eles, e haveria aí uma linha – clássica – de *disputatio* sobre o Um e o Múltiplo. A tese de Leibniz-Deleuze é que o ponto, ou o elemento, não pode valer como unidade de matéria: "A unidade da matéria, o menor elemento do labirinto, é a dobra, não o ponto" (p. 17). Daí decorre a constante ambivalência entre "pertença" (de um elemento) e "inclusão" (de uma parte). Podemos dizer que a ontologia de Leibniz-Deleuze é aquela que apreende o múltiplo como *ponto-parte*, quer dizer, como extensão (desdobra) ou contração (dobra), sem átomo nem vazio. Estamos no oposto de um "conjuntismo" decidido, que tece do vazio as maiores complexidades e *reduz à pertença* as topologias mais enredadas.

Mas, mal havia se constituído, essa linha de exame se ramifica, desdobra-se, complica-se. A astúcia de Deleuze-Leibniz é não dar trégua a nenhum par de opostos, não se deixar levar ou se comprometer por nenhum esquema dialético. Você falava de ponto, de elemento? Mas LeibnizDeleuze distingue, como é sabido de todos, três espécies: o ponto-dobra material, ou físico, que é "elástico ou plástico"; o ponto matemático, que é ao mesmo tempo convenção pura (como extremidade da linha) e "sítio, foco, lugar, lugar de conjunção dos vetores de curvatura" (p. 41); e, finalmente, o ponto metafísico, a alma, ou sujeito, que ocupa o ponto de vista, ou a posição, que o ponto matemático designa à conjunção dos pontos-dobras. De tal modo, conclui Deleuze, que você deveria distinguir "o ponto de inflexão, o ponto de posição, o ponto de inclusão" (p. 42). Mas, do mesmo modo, como acabamos de ver, é impossível pensá-los separadamente: cada um supõe a determinação dos outros dois. Qual figura do Múltiplo "em si" opor, sem tolice aparente, a essa esquiva ramificada do ponto sob o signo da dobra?

É que a filosofia, segundo Deleuze, não é uma inferência, mas sobretudo uma *narração*. O que ele diz do Barroco (p. 194) aplica-se maravilhosamente bem ao seu próprio estilo de pensar: "a descrição toma o lugar do objeto, o conceito torna-se narrativo, e o sujeito, ponto de vista, sujeito da enunciação". Não haverá pois um caso do múltiplo, mas uma descrição de suas figuras, e mais ainda da constante passagem de uma figura a outra; não haverá um conceito do múltiplo, mas a narração de seu ser-mundo, no sentido em que Deleuze diz muito exatamente que a filosofia de Leibniz é a "assinatura do mundo" e não o "símbolo de um cosmos" (p. 193); e não haverá também uma teoria do Sujeito, mas escuta, inscrição do ponto de vista em que todo sujeito se decide, e que é ele próprio o termo de uma série provavelmente divergente ou sem Razão.

De sorte que, quando Deleuze chega a creditar a Leibniz uma "nova relação do uno e do múltiplo" (p. 192), é sobretudo pelo que essa relação tem de diagonal, de subvertida, de indistinta, nisso que, "no sentido subjetivo" (então, monádico), "deve haver também multiplicidade do um e unidade do múltiplo". Finalmente, a "relação" Um/Múltiplo encontra-se desligada e desfeita em quase-relações Um/Um e Múltiplo/Múltiplo. Essas quase-relações, todas subsumidas sob o conceito-sem-conceito de Dobra, o Um-dobra reviramento do Dobra-múltiplo, são visadas por descrição (a que serve o tema do Barroco), narração (o jogo do Mundo) ou posição de enunciação (Deleuze não refuta nem argumenta, ele enuncia). Elas não se deixam deduzir nem pensar na descendência fiel de alguma axiomática ou de alguma decisão primeira. Sua função é evitar a distinção, a oposição, a fatal binaridade. Sua máxima de uso é o claro-escuro, que, para Leibniz-Deleuze, é a *tinta da ideia*: "do mesmo modo, o claro imerge no obscuro e não cessa de nele imergir: ele é claro-escuro por natureza, é desenvolvimento do obscuro, é *mais ou menos* claro, tal como o sensível o revela" (p. 136).

O método é típico de Leibniz, de Bergson e de Deleuze. Qual seja: marcar uma hostilidade (subjetiva, enunciativa) ao tema ideal do Claro, que vai de Platão (a Ideia-Sol) a Descartes (a Ideia clara), e que também é metáfora de um certo conceito do Múltiplo, aquele em que, por direito, os elementos que o compõem deixam-se expor ao pensamento *em plena luz* de sua distinção de pertença. Leibniz-Bergson-Deleuze não dirá que é o Obscuro que vale, não polemizará frontalmente. Não. Ele vai *nuançar*. A nuance é aqui o operador antidialético por excelência. A nuance vai *dissolver* a oposição latente de que o Claro engrandece um dos termos. Estabeleceremos assim uma continuidade local, uma troca de valores em cada ponto real, de maneira que o par Claro/Escuro não seja separável, e *a fortiori* hierarquizável, a não ser ao preço de uma abstração global. Essa abstração será ela própria estrangeira à vida do Mundo.

Se o pensamento do Múltiplo, tal como o desdobra Deleuze-Leibniz, é de tal modo fugidio, se é o relato sem lacuna nem fora de dobras e desdobras do Mundo, é porque ele não se opõe a nenhum outro nem se estabelece à beira de um outro. Ele busca antes *se inseparar de todos*, multiplica *no* múltiplo todos os pensamentos possíveis do múltiplo. Pois "o realmente distinto não está necessariamente separado, nem é separável" e "nada é separável ou está separado, mas tudo conspira" (p. 87).

Essa visão do mundo como totalidade intrincada, dobrada, inseparável, tal que toda distinção é uma simples operação local, essa convicção "moderna" de que o múltiplo é tal que não é discernível como múltiplo, mas apenas "ativável" como Dobra, essa cultura da divergência (no sentido serial), que compossibilita as mais radicais heterogeneidades, essa "abertura" sem contrapartida ("um mundo de capturas mais do que de clausuras", p. 125): eis o que funda a relação, amigável e profunda, entre Deleuze e Leibniz. O múltiplo como grande animal feito de animais, a respiração orgânica ubiquamente inerente à sua própria organicidade, o múltiplo como *tecido vivo*, que se dobra como que sob efeito de sua surreição vital, contra, absolutamente, a extensão cartesiana, pontual e regulada pelo choque: a filosofia de Deleuze é a captura de uma vida ao mesmo tempo total e divergente. Compreende-se que seja ali louvado aquele Leibniz que sustenta, mais do que qualquer outro, "a afirmação de um só e mesmo mundo e de uma diferença ou variedade infinitas neste mundo" (p. 91). E que se defenda a audácia "barroca" por excelência, "uma texturologia que dá testemunho de um organicismo generalizado ou de uma presença de organismos em toda parte" (p. 173).

De fato, nunca houve senão dois esquemas, ou paradigmas, do Múltiplo: o matemático e o organicista, Platão ou Aristóteles. Opor a Dobra ao Conjunto, ou Leibniz a Descartes, reanima o esquema organicista. Que ele tenha de se separar do esquema matemático Deleuze-Leibniz não deixa de observar: "Em matemática, é a individuação que constitui uma especificação. Ora, não acontece o mesmo com as coisas físicas ou com os corpos orgânicos" (p. 101).

O Animal ou o Número? Tal é a cruz da metafísica, e a grandeza de Deleuze-Leibniz, metafísico do Mundo divergente da modernidade, é optar com firmeza pelo animal. De resto, "não é apenas uma psicologia animal que se mostra essencial ao sistema de Leibniz, mas uma monadologia animal" (p. 164).

A verdadeira questão subjacente aqui é a da singularidade: onde e como o singular se cruza com o conceito? Qual é o paradigma de um cruzamento como esse? Se Deleuze ama os estoicos, Leibniz ou Whitehead, e se não ama Platão, Descartes ou Hegel, é porque, na primeira série, o princípio de individuação ocupa um lugar estratégico, que lhe é negado na segunda. A "revolução leibniziana" será celebrada, em um raro entusiasmo estilístico na ágil narração deleuziana, como "núpcias do conceito e da singularidade" (p. 105).

Mas, primeiro, o que é o singular? Em minha opinião, é esse o problema que governa todo o livro de Deleuze, e é como *testemunha do singular* que Leibniz é convocado. Como aquele que aguçou o pensamento na moenda do infinito das ocorrências, das inflexões, das espécies e dos indivíduos.

O acontecimento, a singularidade

O capítulo "O que é um acontecimento?" ocupa o centro do livro (p. 117-128) e trata mais de Whitehead do que de Leibniz. Mas, tanto antes como depois, a categoria de acontecimento continua central, porque é ela que sustenta, envolve, dinamiza a de singularidade. Deleuze-Leibniz parte do mundo como "de uma série de inflexões ou de acontecimentos: é uma pura *emissão de singularidades*" (p. 95).

Mais uma vez, a questão central do pensamento do acontecimento, tal como Deleuze o atribui a Leibniz-Whitehead, intriga e provoca. Citemos: "Quais são as condições de um acontecimento, para que tudo seja acontecimento?" (p. 118).

É grande a tentação de opor: se "tudo é acontecimento", em que o acontecimento pode se distinguir do *fato*, do-que-acontece-no-mundo segundo sua lei de apresentação? Não deveríamos, antes, perguntar: "quais são as condições de um acontecimento para que *quase nada* o seja?". O que se apresenta, como apresentado, é realmente singular? Podemos sustentar de modo igualmente razoável que o andar das coisas em geral só expõe a generalidade.

Como então Leibniz-Whitehead-Deleuze pode tirar, do esquema organicista do Múltiplo, uma teoria *acontecimentual* do singular, uma vez que acontecimento quer dizer: tudo que ocorre, enquanto tudo ocorre?

O enigma pode ser formulado simplesmente: ao passo que entendemos frequentemente "acontecimento" como a singularidade de uma ruptura, Leibniz-Whitehead-Deleuze o entende como o que *singulariza a continuidade em cada uma de suas dobras locais*. Mas, por outro lado, para Leibniz-Whitehead-Deleuze, "acontecimento" designa apesar de tudo a origem sempre singular, ou local de uma verdade (de um conceito), ou o que Deleuze enuncia como "subordinação do verdadeiro ao singular e ao relevante" (p. 138). Assim, o acontecimento é ao mesmo tempo onipresente e criador, estrutural e inaudito.

Por isso, as séries de noções aferentes ao acontecimento não param de se disseminar e de contrair ao mesmo tempo. Tomemos três exemplos.

1. Leibniz-Deleuze, uma vez que pensa o acontecimento como inflexão imanente do contínuo, deve simultaneamente supor que é do *ponto dessa imanência* que falamos de acontecimento (nunca "antes" nem "de fora"), e que, não obstante, uma *preexistência* essencial, que diz respeito à lei global do mundo, *deve* nos escapar para que possamos falar dela: "A filosofia de Leibniz [...] exige essa preexistência ideal do mundo [...], essa parte muda e sombrosa do acontecimento. Só podemos falar do acontecimento já engajado na alma que o expressa e no corpo que o efetua, mas de maneira alguma poderíamos falar sem essa parte que dele se subtrai" (p. 160).

É admirável e justa a imagem da parte "muda e sombrosa do acontecimento". Todavia, é preciso notar que, para Leibniz-Deleuze, o que há de excessivo – de sombrio – no acontecimento é *o Tudo que lhe preexiste*. É que, em uma ontologia organicista do Múltiplo, o acontecimento é como um gesto espontâneo *sobre um fundo* obscuro de animalidade envolvente e global. Deleuze explica que há dois aspectos do "maneirismo" de Leibniz, maneirismo que o opõe ao classicismo cartesiano: "o primeiro é a espontaneidade das maneiras, que se opõe à essencialidade do atributo. O segundo é a onipresença do fundo sombrio, que se opõe à clareza da forma e sem o qual as maneiras não teriam de onde surgir" (p. 89).

Para Leibniz-Deleuze, a preexistência do Mundo como "fundo escuro" assinala o acontecimento como *maneira*, e isso é coerente com a organicidade do múltiplo. Essa concepção autoriza que seja de uma combinação de imanência e de infinitude excessiva que proceda a possibilidade de "falar" de um acontecimento. Pensar o acontecimento, ou fazer conceito do singular, sempre exige que se conjuguem um engajamento e uma subtração, o mundo (ou a situação) e o infinito.

2. O capítulo mais denso, e, a meu juízo, mais bem-acabado, do livro de Deleuze é o capítulo IV, que tem o título de "Razão suficiente". Por que Deleuze é especialmente virtuoso (e fiel) nessa passagem? Porque a versão que ele dá do princípio, ou seja, "a identidade do acontecimento e do predicado" (p. 68), que ele resume ainda melhor em "Tudo tem um conceito!", é na realidade a máxima de seu próprio gênio, o axioma sem o qual ele desanimaria de filosofar.

Ainda uma vez, a determinação deleuziana consiste em turvar por nuance uma dialética estabelecida: o princípio de razão permite sobrepor em cada ponto o Nominalismo e o Universalismo. Trata-se aí do programa de pensamento mais profundo de Deleuze:

> Para uns, Nominalistas, os indivíduos seriam os únicos existentes, sendo os conceitos apenas palavras bem-regradas; para outros, Universalistas, o conceito tem o poder de especificar-se até o infinito, e o indivíduo apenas remete a determinações acidentais ou extraconceituais. Mas, para Leibniz, só o indivíduo existe, *e*, ao mesmo tempo, existe em virtude da potência do conceito: mônada ou alma. E essa potência do conceito (devir sujeito) consiste não em especificar ao infinito um gênero mas em condensar e em prolongar as singularidades. Estas não são generalidades, mas acontecimentos, gotas de acontecimentos (p. 101).

Concordaremos com Leibniz-Deleuze que o par Universalismo/Nominalismo deve ser subvertido. Mas ele pode sê-lo a partir do enunciado "monâdico": tudo tem um conceito?

De fato, Deleuze *retoma* o axioma comum, ainda que escondido, do Nominalismo e do Universalismo, axioma que diz que nada *do Múltiplo* tem conceito.

Para o Nominalismo, o Múltiplo existe, e o conceito, logo o Um, é apenas linguagem; para o Universalista, o Um existe segundo o conceito, e o Múltiplo é inessencial. Leibniz-Deleuze diz: o Múltiplo existe através do conceito, ou: o Múltiplo existe *no Um*. Tal é justamente a função da mônada: recortar o Um no Múltiplo, de maneira que haja conceito desse múltiplo. Estabeleceremos assim um equívoco fecundo entre "ser elemento de" e "ter uma propriedade", "ter tal predicado", categorias do saber. Deleuze escreve claramente: "Finalmente, uma mônada tem como propriedade não um atributo abstrato [...], mas outras mônadas" (p. 165-166).

Levado até esse ponto, o pensamento está submetido à tensão mais extrema:

– ou o múltiplo é puro múltiplo de múltiplos, e não há Um que possa sustentar que "tudo tem um conceito";

– ou o múltiplo "possui" propriedades, e não apenas a título de elementos ou de múltiplos subordinados: é preciso que haja inerência conceitual, logo essências.

Deleuze felicita G. Tarde por ter percebido em Leibniz uma espécie de substituição do ser pelo ter: o ser da mônada é a suma, o inventário nuançado, hierarquizado, contínuo, do que ela "possui":

"o que é novo é ter incidido a análise sobre as espécies, os graus, as relações e as variáveis da posse, para fazer disso o conteúdo ou o desenvolvimento da noção de Ser" (p. 165).

Decerto, Deleuze sabe bem que "posse", "ter", "pertença" são aqui operações metafóricas. Mas a analítica do ser no registro do ter (ou da dominação) serve para *enfiar* o conceito na trama do múltiplo sem ter resolvido claramente a questão do Um. De resto, o problema é mais agudo para Deleuze do que para Leibniz, porque para este há uma linguagem total, uma série integrativa de *todas* as multiplicidades, que é Deus. Sem esse ponto de basta, a disseminação, necessariamente, faz do conceito, por falta do Um, uma ficção (como é para Leibniz o conceito crucial de quantidade evanescente ou infinitamente pequena).

Há certamente uma saída, que Deleuze toma por segmentos. Ela consiste em distinguir as operações do saber (ou conceitos *enciclopédicos*) e as operações da verdade (ou conceitos *acontecimentais*). Do ponto de vista da situação, então em imanência "monádica", é verdade que tudo tem um conceito (enciclopédico), mas *nada* é acontecimento (só há fatos). Do ponto de vista do acontecimento, *terá havido* uma verdade (da situação) que é *localmente* "forçável" como conceito enciclopédico, mas globalmente indiscernível.

No fundo, é dessa distinção que se trata quando Deleuze-Leibniz discerne os "dois andares" do pensamento do Mundo, o andar da *atualização* (mônadas) e o andar da *realização* (corpos). Poderíamos dizer que o monádico procede infinitamente à verdade-verificação disso de que o corporal é a efetuação. Ou que a mônada é um functor de verdade, ao passo que os corpos são agenciamentos enciclopédicos. Tanto mais que a metáfora matemática de uma "curva de inflexão infinita" (p. 152) corresponde à atualização, e a das "coordenadas que determinam os *extrema*" (p. 152) corresponde à realização. Reconhece-se facilmente nisso o trajeto "aberto" da verdade, em comparação à estabilidade "em situação" dos saberes.

Mas Deleuze vai *ao mesmo tempo* se esforçar para "refazer a costura", ou para dobrar um sobre o outro os dois andares discernidos. Para manter a distância seria preciso que o acontecimento viesse romper *em um ponto* o "tudo tem um conceito", seria preciso que ele pudesse ser uma pane das significações. Ora, Leibniz-Deleuze pretende estabelecer que toda pane aparente, toda pontualidade separada são de fato astúcias superiores da continuidade.

Deleuze é simplesmente brilhante quando se trata de "reparar" as aparentes hiâncias da lógica leibniziana.

Teríamos, classicamente, objetado a Leibniz que a monadologia interditaria todo pensamento da relação? Não, demonstra Deleuze, Leibniz "só fez isso, pensar a relação" (p. 84) e, de passagem, produzir essa espantosa definição da relação: "unidade da não relação com uma matéria todo-partes" (p. 75), que subjuga e persuade – salvo que, na ontologia matemática, seria preciso substituir todo-partes por múltiplo-vazio.

Acreditou-se ter visto uma contradição indefensável entre o princípio de razão suficiente (que exige que tudo tenha seu conceito e o requisito de sua atividade e que, logo, liga tudo a tudo) e o princípio dos indiscerníveis (que coloca que não há ser real idêntico a outro e que, então, desliga tudo de tudo)? Deleuze recusa de imediato: não, a conexão das razões e a interrupção dos indiscerníveis apenas engendram o melhor fluxo, a continuidade de tipo superior: "O princípio dos indiscerníveis estabelece cortes; mas os cortes não são lacunas ou rupturas de continuidade; ao contrário, eles repartem o contínuo de tal maneira que nele não haja lacuna, isto é, da 'melhor' maneira" (p. 102). É essa a razão pela qual "não podemos saber *onde termina o sensível e onde começa o inteligível*" (p. 102): vê-se, a acontecimentalidade universal é *também*, para Deleuze-Leibniz, a continuidade universal. Ou ainda: para Leibniz-Deleuze "tudo acontece" quer dizer: nada é interrompido, e *então* tudo tem um conceito, o da sua inclusão na continuidade, como inflexão-corte ou dobra.

3. Que alegria ver Deleuze mencionar com tanta naturalidade Mallarmé, como pensador-poeta, perceber que ele o coloca entre os maiores!

À página 52, Deleuze o nomeia "grande poeta barroco". Por quê? Porque "a dobra [...] é o ato operatório" mais importante de Mallarmé. E menciona o leque, "dobra conforme dobra", as folhas do Livro como "dobras do pensamento"... A dobra seria "unidade que faz ser, multiplicidade que faz inclusão, coletividade tornada consistente" (p. 52).

Essa topologia da dobra é incontestável do ponto de vista descritivo. Extraindo suas consequências, ela faz Deleuze escrever: "O Livro, dobra do acontecimento".

À página 104, Mallarmé é novamente convocado, em companhia de Nietzsche, como "revelação de um Pensamento-mundo que emite um lance de dados". O lance de dados, diz Deleuze, "é a potência de afirmar o Acaso, de pensar todo o acaso, que não é de modo algum um princípio, mas a ausência de todo princípio. Assim, devolve à ausência ou ao nada aquilo que vem do acaso, o que pretende dele escapar, ao limitá-lo por princípio". O objetivo de Deleuze é claro: mostrar que para além do barroco leibniziano há o nosso mundo, em que o jogo "faz entrar os incompossíveis no próprio mundo estilhaçado" (p. 104).

Requerer o serviço de Mallarmé para tal objetivo é paradoxal, voltarei a isso. Mas, por contraste, essa referência permite compreender por que a lista dos pensadores do acontecimento segundo Deleuze (os estoicos, Leibniz, Whitehead...) contém apenas nomes que poderíamos igualmente citar a título de sua *oposição* a todo conceito de acontecimento: adversários declarados do vazio, do clinâmen, do acaso, da separação disjuntiva, da ruptura radical, da Ideia, em suma, de tudo isso a partir de onde poderíamos tentar pensar o acontecimento-ruptura, isto é, primeiro, o que não tem nem interior nem conexão: um vazio separado.

No fundo, "acontecimento", para Deleuze, quer dizer exatamente o contrário: uma atividade imanente contra um fundo de totalidade, uma criação, uma novidade, certamente, mas pensável na interioridade do contínuo. Um elã vital. Ou ainda: um complexo de extensões, de intensidades, de singularidades, que é ao mesmo tempo refletido pontualmente e realizado no fluxo. "Acontecimento" é o gesto sem eira nem beira que afeta em pontos inumeráveis o anárquico e único Animal-Mundo. "Acontecimento" nomeia um predicado-gesto do Mundo: "os predicados ou acontecimentos", diz Leibniz. "Acontecimento" é apenas a pertinência linguageira do sistema sujeito-verbo-complemento contra o juízo de atribuição, essencialista e eternalista, que censuramos em Platão ou em Descartes. *"A inclusão leibniziana repousa num esquema sujeito-verbo-complemento, que resiste desde a Antiguidade ao esquema da atribuição*: uma gramática barroca, na qual o predicado é antes de tudo relação e acontecimento, não um atributo" (p. 83).

Deleuze mantém a imanência, exclui a interrupção, a cesura, e desloca apenas a qualificação (ou o conceito) do juízo de atribuição (logo, do ser-Um) ao esquema ativo, que subjetiva e complementa.

É que Deleuze-Leibniz, fora do vazio, quer ler o "o que acontece" no cerne do pleno, na intimidade da dobra. A chave última de seu propósito é então: a interioridade.

O Sujeito, a interioridade

Deleuze pretende seguir Leibniz em sua empreitada mais paradoxal: estabelecer a mônada como "interioridade absoluta" *e* proceder à mais rigorosa analítica das ligações da exterioridade (ou da posse), especialmente a ligação entre a alma e o corpo. Manter o Fora como reversão exata, ou "membrana" do Dentro, ler o Mundo como textura do íntimo, pensar o macroscópico (ou o Molecular): são certamente essas operações que constituem a verdadeira efetividade do conceito de Dobra. Por exemplo: "a 'unilateralidade' da mônada implica, como condição de clausura, uma torsão do mundo, uma dobra infinita, que só pode desdobrar-se, em conformidade com a condição, restituindo o outro lado não como exterior à mônada, mas como o exterior ou o fora *de* sua própria interioridade, um tabique, uma membrana flexível e aderente, coextensiva a todo o dentro" (p. 167). Vê-se que Deleuze busca, com a Dobra, uma figura da interioridade (ou do sujeito) que não seja *nem* a reflexão (ou o cogito), *nem* a relação-a, a visada (ou a intencionalidade), *nem* o puro ponto vazio (ou eclipse). Nem Descartes, nem Husserl, nem Lacan. Uma interioridade absoluta, *mas* "retomada" de tal maneira que disponha de uma ligação ao Todo, de uma "ligação primária não localizável que borda o interior absoluto" (p. 167). Essa ligação primária, através do que a interioridade absoluta é dobrada em exterior total, Leibniz chama de *vinculum*, e é por ele que o interior monádico se subordina, ou elucida, as mônadas "exteriores", sem precisar "ultrapassar" sua interioridade.

A análise que Deleuze propõe, à luz da Dobra, do conceito axial de *vinculum* é simplesmente maravilhosa (todo o capítulo VIII). Ali, há uma espécie de inteligência excitada por seu risco, pela caça de uma pista inteiramente nova: um Sujeito que articularia *diretamente* o clássico fechamento do Sujeito reflexivo (mas sem claridade reflexiva) e a porosidade barroca do Sujeito empirista (mas sem passividade mecânica). Uma intimidade igual ao mundo, uma alma dobrada sobre o corpo por todos os lados: que surpresa feliz! Vejamos como Deleuze recapitula os requisitos:

> 1) *cada* mônada individual possui *um* corpo do qual ela é inseparável; 2) cada uma possui um corpo na medida em que é o sujeito constante do *vinculum* que lhe é fixado (*seu vinculum*); 3) esse *vinculum* tem por variáveis mônadas tomadas em conjunto; 4) esses conjuntos de mônadas são inseparáveis de infinidades de partes materiais às

quais elas pertencem; 5) essas partes materiais constituem a parte orgânica de *um* corpo, cujo *vinculum* considerado em relação às variáveis assegura a unidade específica; 6) *esse* corpo é aquele que pertence à mônada individual, é *seu* corpo, na medida em que já dispõe de uma unidade individual, graças ao *vinculum* considerado dessa vez com relação à constante (p. 152).

Essa concepção do Sujeito como interioridade cujo próprio exterior faz laço primário com o Múltiplo infinito do mundo tem três efeitos principais.

Primeiramente, ela desliga o conhecimento de toda relação a um "objeto". O conhecimento opera por soma de percepções imanentes, é um efeito interior de "membrana", uma subsunção ou dominação de multiplicidades tomada "em conjunto". Conhecer é desdobrar uma complexidade interior. Nesse sentido, Leibniz-Deleuze ajusta-se àquilo que chamei de problema contemporâneo de um "sujeito sem objeto": "Sempre desdobro entre duas dobras, e se perceber é desdobrar, percebo sempre nas dobras. *Toda percepção é alucinatória, porque a percepção não tem objeto*" (p. 141).

Em segundo lugar, a concepção de Deleuze-Leibniz faz do Sujeito uma série, ou um desdobramento de predicados, e não uma substância ou um puro ponto vazio reflexivo, quer ele esteja em eclipse, quer esteja em correlato transcendental de um objeto = x. O Sujeito de Leibniz-Deleuze *é diretamente múltiplo*, e essa é sua força. Por exemplo: "Todo real é um sujeito cujo predicado é uma característica presente em série, sendo o conjunto dos predicados a relação entre os limites dessas séries" (p. 76). E Deleuze acrescenta: "evitaremos confundir o limite e o sujeito", o que está longe de ser uma mera observância à ortodoxia leibniziana: o humanismo contemporâneo, que se diz dos "direitos humanos", é literalmente envenenado por uma concepção muda do sujeito como limite. Ora, o sujeito é, com efeito, no melhor dos casos, o que sustenta multiplamente a relação de vários limites seriais.

Em terceiro lugar, a concepção de Leibniz-Deleuze faz do Sujeito o ponto (de vista) a partir de onde há uma verdade, uma *função de verdade*, mas o ponto de vista a partir de onde uma verdade é. A interioridade é antes de tudo a ocupação de tal ponto (de vista). O *vinculum* também é a ordenação dos casos de verdade.

Deleuze tem inteira razão em mostrar que, se se trata de um "relativismo", ele não compromete a verdade. Porque não é a verdade que varia segundo, ou com, o ponto de vista (o sujeito, a mônada, a interioridade). É o próprio fato de que *a verdade é variação* que impõe que ela não seja tal senão *para* um ponto (de vista): "trata-se não de uma variação da verdade de acordo com o sujeito, mas da condição sob a qual a verdade de uma variação aparece ao sujeito" (p. 37).

Essa concepção "variante" (ou processual) da verdade impõe com efeito que ela esteja sempre ordenada em um ponto, ou segundo seus casos. O verdadeiro não se manifesta senão no trajeto de exame da variação que ele é: "o ponto de vista, em cada domínio de variação, é *potência de ordenar os casos*, condição de manifestação do verdadeiro" (p. 39).

A dificuldade é certamente que essas considerações continuam ligadas a uma visão "inseparada" do acontecimento, *logo dos pontos (de vista)*. Deleuze nota isso com sua habitual perspicácia: "Não há, certamente, vazio entre dois pontos de vista" (p. 28). Mas essa falha do vazio introduz entre os pontos de vista uma continuidade completa. Disso resulta que a continuidade, que releva do todo, opõe-se à singularidade da variação. Ora, uma verdade poderia ser, muito pelo contrário, o devir-variado. E, pelo fato de esse devir ser separado de qualquer outro pelo vazio, uma verdade é um trajeto *entregue ao Acaso*. Nem Leibniz nem Deleuze podem consentir com isso, porque o organismo ontológico forclui o vazio, segundo a lei (ou o desejo, é a mesma coisa) da Grande Totalidade Animal.

Natureza e verdade

A amplitude do projeto filosófico de Deleuze é extrema, ainda que sua prosa seja modesta e acolhedora. Deleuze é um grande filósofo, ele quer, ele cria uma quantidade real de grandeza filosófica.

Essa grandeza tem a Natureza como paradigma. Deleuze quer e cria uma filosofia "da" natureza, ou, sobretudo, uma filosofia-natureza. Devemos entender isso como *uma descrição em pensamento da vida do Mundo*, de tal modo que essa vida, assim descrita, possa incluir a própria descrição como um de seus gestos vivos.

Não emprego a palavra "vida" superficialmente. Fluxo, desejo, dobra: esses conceitos são sensores de vida, armadilhas descritivas que o pensamento estende ao mundo vivo, ao mundo presente. Deleuze ama os barrocos, pelo fato de que para eles "os princípios da razão são verdadeiros gritos: nem tudo é peixe, mas há peixes em toda parte [...] Não há universalidade, mas ubiquidade do vivente" (p. 23).

Um conceito deve passar pela prova de sua avaliação biológica, ou pela biologia. Assim o conceito de Dobra: "o essencial é que as duas concepções [epigênese e pré-formação] têm em comum conceber o organismo como uma dobra, dobradura ou dobragem originais (e jamais a biologia renunciará a uma determinação do vivente, como testemunha hoje o dobramento fundamental da proteína globular)" (p. 23).

A questão do corpo, do modo próprio através do qual o pensamento é afetado pelo corpo, é, para Deleuze, essencial. A dobra é uma imagem adequada da ligação incompreensível entre o pensamento e o corpo. Toda a terceira parte, a parte conclusiva do livro de Deleuze, traz o título "Ter um corpo". Lê-se aí que "[a dobra] passa também entre a alma e o corpo, mas já passa entre o inorgânico e o orgânico do lado dos corpos, e passa ainda entre as "espécies" de mônada do lado das almas. É uma dobra extremamente sinuosa, um ziguezague, uma ligação primitiva não localizável" (p. 180).

Quando Deleuze menciona os "matemáticos modernos", trata-se, claro, de Thom ou de Mandelbrot, ou seja, daqueles que (além de serem, com efeito, grandes matemáticos) tentaram uma projeção morfológica, modelizante, descritiva, de certos conceitos matemáticos sobre empiricidades geológicas, orgânicas, sociais, etc. A matemática só intervém, só é citada na medida em que pretende incluir-se sem mediação em uma fenomenologia natural (cf. p. 32-33).

Também não utilizo "descrição" superficialmente. Descrição, narração, vimos que Deleuze reivindicava esse estilo de pensamento contra o argumento essencialista ou o desenvolvimento dialético. Deleuze faz o pensamento errar no labirinto do mundo, deixa marcas, filhos, monta armadilhas mentais para os animais e para as sombras. Monadologia, nomadologia: ele próprio faz essa permutação literal. Ele adora que a questão seja indireta e local, que o espelho esteja pintado, que uma rede estreita obrigue a franzir os olhos, para ver o contorno do ser. Trata-se de afiar a percepção, de fazer errar e circular garantias hipotéticas.

Enfim, quando lemos Deleuze, nunca sabemos exatamente quem fala nem quem assegura o que é dito ou disso se declara certo. Leibniz? Deleuze? O leitor de boa-fé? O artista de passagem? A matriz (propriamente genial) que Deleuze dá dos romances de Henry James é uma alegoria dos desvios de sua própria obra filosófica: "*Isso* de que lhe falo, e *em que* você também pensa, você concorda em dizer *a ele*, sobre *ele*, com a condição de que se saiba a *que* devemos nos ater sobre *ela* e que concorde também com quem é *ele* e quem é *ela*?" (p. 39). É isso o que eu chamo de uma descrição *para o pensamento*. É menos importante decidir (ele, ela, isso, etc.) do que ser conduzido ao ponto de captura ou de visada em que essas determinações agenciam uma figura, um gesto, uma ocorrência.

Se Deleuze fosse menos prudente, ou mais direto, talvez arriscasse vastas descrições acabadas, no estilo do *Timeu* de Platão, do *Mundo* de Descartes, da *Filosofia da natureza* de Hegel, quiçá de *A evolução criadora* de Bergson. É uma tradição. Mas ele sugere muito mais a possibilidade vazia (ou a impossibilidade contemporânea) dessas tentativas. Ele a sugere expondo os conceitos, as operações, os "formadores". A Dobra é talvez o mais importante de todos (depois vem a Diferença, a Repetição, o Desejo, o Fluxo, o Molecular e o Molar, a Imagem, o Movimento, etc.). Deleuze propõe-na, através de descrições parciais, como o *escrivão* possível de uma Grande Descrição, de uma captura geral da vida do Mundo, que não será realizada.

Cinco pontuações

O autor destas linhas fez *a outra escolha* ontológica, a da subtração, do vazio e do matema. A pertença e a inclusão desempenham para ele o papel reservado por Deleuze à Dobra e ao Mundo.

Todavia, a palavra "acontecimento" acena, para um e para outro, de uma borda, de um rebordo do Ser, de tal modo que é à sua singularidade que se atribui o Verdadeiro. Tanto para Deleuze quanto para mim a verdade não é nem adequação nem estrutura. Ela é um processo infinito que se origina aleatoriamente *em um ponto*.

De tudo isso resulta uma estranha mistura de proximidade infinitesimal e distanciamento infinito. Darei apenas alguns exemplos, que valerão também como um reexame contrastante do pensamento de Deleuze.

1. O acontecimento

Que haja excesso (sombra ou luz, tanto faz) na ocorrência de um acontecimento, que esta seja criadora, eu admito. Mas distribuirei esse excesso, contrariamente a Deleuze, que o vê na inesgotável plenitude do Mundo.

Para mim, não é do mundo, ainda que idealmente, que o acontecimento retira sua reserva inesgotável, seu excesso silencioso (ou indiscernível), mas *de não estar preso nele*, de ser separado, lacunar, ou – diria Mallarmé – "puro". É, ao contrário, *après coup*, aquilo que se nomeia nas almas ou se efetua nos corpos que realiza a mundanização global, ou ideal, do acontecimento (efeito suspenso, que chamo de uma verdade). O excesso acontecimentual nunca se relaciona à situação como a um "fundo escuro" orgânico, mas como a um múltiplo, de modo que o acontecimento *não seja contado como um*. Resulta disso que sua parte silenciosa, ou subtraída, é uma infinidade *por vir*, uma pós-existência que vai devolver ao mundo o puro ponto separado do suplemento acontecimentual, sob a forma laboriosa e inacabada de uma inclusão infinita. Ali onde Deleuze vê uma "maneira" do ser eu diria que a pós-existência mundana de uma verdade assinala o acontecimento como *separação*, e isso é coerente com a matemática do múltiplo (mas não é se supusermos sua organicidade).

"Acontecimento" quer dizer: há o Um, mesmo na ausência do contínuo, mesmo com as significações suspensas, e *logo* há algumas verdades, que são trajetórias casuais subtraídas à enciclopédia do conceito – por fidelidade a esse Um supranumerário.

2. Essência, relação, Todo

Em sua luta contra as essências, Deleuze promove o ativo do verbo, a operação do complemento, e apoia esse "dinamismo" – oposto ao juízo de atribuição – à inesgotável atividade do Todo.

Mas o primado relacional do verbo sobre o adjetivo atribuído é suficiente para salvar a singularidade, para nos livrar das Essências? Não seria preciso, antes, subtrair o acontecimento a toda relação *assim como* a todo atributo, subtraí-lo ao fazer do verbo *assim como* ao ser da cópula? O acontecer[5] do acontecimento suporta estar em continuidade ou em intervalo, entre o sujeito do verbo e seu complemento?

O Grande Todo anula o gesto local da singularidade tão seguramente quanto a Essência transcendente esmaga a individuação. A singularidade exige a absolutez de uma distância separadora, então o

---

[5] *"Avoir-lieu"* tem o sentido duplo de "ter lugar" e de "acontecer, ocorrer". (N.T.)

vazio como *ponto* do Ser. Ela não suporta a preexistência interna nem do Um (essência) nem do Todo (mundo).

3. Mallarmé

Descritivamente exata, a fenomenologia da Dobra não serve para pensar o que está em jogo no poema mallarmaico. Ela é apenas um momento secundário, uma travessia local, uma estase descritiva. Que o mundo seja dobrado, dobradura, desdobra, que seja; mas o mundo-leque, a pedra viúva[6] não são de modo algum para Mallarmé o que está em jogo num poema. O que se deve contrapor à dobra é o ponto estelar, o fogo frio que coloca a dobra na ausência e eterniza aquilo que, justamente, "noção pura", não comporta nenhuma dobra. Quem poderia acreditar que o homem do "bloco calmo",[7] da constelação "fria de esquecimento e desuso", de "frias pedrarias", da cabeça decapitada de São João, da Meia-noite, etc., tenha se dado a tarefa de "dobrar, desdobrar, redobrar"? O "ato operatório" essencial de Mallarmé é o recorte, a separação, o sobrevir transcendente do puro ponto, a Ideia que elimina todo acaso, em suma, o contrário da dobra, que metaforiza o obstáculo e o enredamento. O poema é a *lâmina* da dobra.

O Livro não é "a Dobra do Acontecimento", é a noção pura da acontecimentalidade, ou seja, o isolamento poético do *ausente de todo acontecimento*. De modo mais geral, Mallarmé não pode servir ao objetivo de Deleuze (atestar a divergência das séries do Mundo, obrigar-nos a dobrar, desdobrar, redobrar), e isso pelas seguintes razões:

a) O Acaso não é *ausência* de todo princípio, mas "a *negação* de todo princípio", e essa "nuance" separa Mallarmé de Deleuze, de toda a distância percorrida em direção a Hegel.

b) O Acaso, como figura do negativo, é o suporte principial de uma dialética ("o Infinito sai do Acaso, que você havia negado"), e não de um Jogo (no sentido nietzschiano).

c) O Acaso é *autorrealização* de sua Ideia, em cada ato em que está em jogo, de tal modo que é uma potência afirmativa delimitada, e de

---

[6] Alusão à pedra viúva, desgarrada do conjunto, nos versos do poema "Remémoration d'amis belges", de Mallarmé: "Comme furtive d'elle et visible je sens/Que se dévêt pli selon pli la pierre veuve". (N.T.)

[7] "*Calme bloc*" alude a um célebre verso de Mallarmé que se refere ao túmulo de Edgar Allan Poe. (N.T.)

modo algum uma correlação do mundo (o termo "pensamento-mundo" é inteiramente inadequado).

d) A efetuação, pelo pensamento, do Acaso, que é também o pensamento puro do acontecimento, não provê "incompossíveis" nem caos lúdico, mas "uma Constelação", uma Ideia isolada, cujo esquema é um Número ("o único número que não pode ser outro"). Trata-se de um emparelhamento da dialética hegeliana e do Inteligível platônico.

e) Não se trata de remeter ao nada o que se opõe ao Acaso, mas de demitir o nada de maneira que surja o isolamento estelar transcendente que simboliza a absoluta separação do acontecimento. O conceito chave de Mallarmé, se seguramente não é a Dobra, poderia perfeitamente ser a pureza. E a máxima central, aquela que conclui *Igitur*: "O Nada tendo partido, resta o castelo da pureza".

4. A ruína da categoria de objeto

Um dos pontos fortes de Deleuze é pensar com Leibniz um conhecimento sem objeto. A ruína da categoria de objeto é um processo maior da modernidade filosófica. Todavia, diria Pascal, a força de Deleuze vai "apenas até certo ponto". Preso entre as chicanas do Todo e a denegação do vazio, Deleuze atribui a falha do objeto à interioridade (monádica). Ora, a falha do objeto resulta do fato de que uma verdade é um processo de *fenda* nos saberes, mais do que de um processo de desdobramento. E também do fato de que o sujeito é a diferencial do trajeto de fenda, mais do que o Um da ligação primária às multiplicidades mundanas. Deleuze parece ainda conservar, se não o objeto, pelo menos o *traçado da objetividade*, na medida em que mantém o par atividade/passividade (ou dobra/desdobra) no coração do problema do conhecimento. Ele é forçado a mantê-lo, porque sua doutrina do Múltiplo é organicista, ou vitalista. Em uma concepção matematizada, a genericidade (ou o furo) do Verdadeiro não implica nem atividade nem passividade, mas antes *trajetos* e *encontros*.

5. O Sujeito

Deleuze tem mil razões para pensar o Sujeito como relação-múltipla, ou "relação de limites", e não como simples limite (o que o reconduziria ao Sujeito do humanismo).

Entretanto, é preciso distinguir formalmente o sujeito, como configuração múltipla, das outras "relações de limites" que se inscrevem constantemente numa situação qualquer. Propus um critério, que é o fragmento *finito*: um sujeito é uma diferença finita no processo de uma verdade. Está claro que, se seguirmos Leibniz, teremos, muito pelo contrário, uma interioridade – Uma – cujo *vinculum* se subordina a multiplicidades *infinitas*.

O sujeito de Deleuze, o sujeito-dobra, tem por fórmula numérica $1/\infty$, que é a fórmula da mônada, mesmo se sua parte clara seja $1/\text{ŋ}$ (cf. p. 195). Ele articula o Um e o Infinito. Minha convicção é, antes, de que *toda fórmula finita* exprime um Sujeito, se ela é a diferencial local de um procedimento de verdade. Seríamos remetidos, então, aos Números característicos desses procedimentos e de seus tipos. Em todo caso, a fórmula $1/\infty$ nos conduz certamente aos artifícios do Sujeito cujo paradigma é Deus, ou seja, o Um-Infinito. É o ponto em que o Um se vinga de sua falha excessiva na analítica do Acontecimento: se o acontecimento for reduzido ao fato, se "tudo é acontecimento", *então* é o Sujeito que deve tomar para si o Um e o Infinito. Leibniz-Deleuze não pode escapar a essa regra.

Contra o que é preciso abandonar a interioridade pura, mesmo se revirada como exterioridade coextensiva, em proveito da diferencial local de um Acaso, que é sem interior nem exterior, por ser o emparelhamento de uma finitude e de uma língua (língua que "força" o infinito da variação do ponto-sujeito de seu devir-variado finito). Substância demais, ainda, no sujeito de Leibniz-Deleuze, Dobradura côncava em demasia. Há apenas o ponto, e o nome.

Para concluir

Deleuze acumula os meios de uma "*mathésis* descritiva", de que ele testa as performances, localmente, sem engajar seu valor sistemático.

Mas a filosofia pode, ou deve, manter-se na imanência de uma descrição da vida do Mundo? Uma outra via, que, é verdade, renuncia ao Mundo, é aquela da celebração das verdades. Ela é subtrativa e ativa, ao passo que a de Deleuze é presentificante e lúdica. À Dobra ela opõe o enredamento estacionário do Vazio. Ao fluxo, a separação estelar do acontecimento. À descrição, a inferência e o axioma. Ao jogo e à tentativa ela opõe a organização das fidelidades. Ao contínuo criador ela opõe a ruptura fundadora. E, finalmente, ela não conjuga, mas separa, até mesmo opõe, as operações da vida e as ações da verdade.

Quem assume que "a alma é princípio da vida por sua presença e não por sua ação. *A força é presença e não ação*" (p. 179)? Deleuze ou Leibniz? Em todo caso, isso condensa aquilo de que, a meus olhos, a filosofia deve nos afastar. Seria preciso poder dizer: "Uma verdade é o princípio de um sujeito pelo vazio através do que ela assegura a ação. Uma verdade é ação e não presença".

Insondável ombrear-se, nisso que leva o nome de "filosofia", a seu Outro íntimo, a seu adversário interior, a seu desvio supremo. Deleuze tem razão em um ponto: não podemos nos separar disso sem perecer. Mas, se nos contentarmos com a convivialidade, é disso também que pereceríamos.

Alexandre Kojève
Hegel na França

Uma das leituras de filosofia clássica que, nos últimos anos dos anos 1950 e nos primeiros dos anos 1960, acompanhava nossa paixão pelas ciências humanas formalizadas era, um tanto bizarramente, a Fenomenologia do espírito *de Hegel. Nós a líamos na impressionante tradução de Jean Hyppolite, aliás, um de nossos mestres, e assim recebíamos indiretamente o ensino de Kojève, que, em seu famoso seminário, tinha transmitido o vírus hegeliano a pessoas como Bataille e Lacan. No fundo, descobríamos que também a filosofia hegeliana é uma espécie de mitologia formalizada, digna de Lévi-Strauss. De resto, é a razão pela qual, mais tarde, acabei preferindo, do mesmo autor,* A ciência da lógica, *cuja abstração imperial ainda me encanta. O pequeno texto que se segue, tirado de um breve volume coescrito em 1976 por Joël Bellasen, Louis Mossot e eu, retoma a história da transmissão de Hegel na França e o papel-chave, nessa matéria, do seminário de Kojève. O volume completo (intitulado* O núcleo racional da dialética hegeliana*) foi recentemente reeditado, junto a outros dois escritos do período maoísta duro, pela editora Les Prairies Ordinaires, com o título* Les Années rouges.

> *Se não tivesse sido precedido pela filosofia alemã, notadamente a de Hegel, o socialismo científico alemão, único socialismo científico que jamais houve, não teria sido fundado.*
>
> (Engels, prefácio de *A guerra dos camponeses*)

A vitalidade de Hegel na França, além de ser muito recente, segue um trajeto singular, que até hoje só fez obscurecer sua relação com o marxismo e o desimpedimento reativado do núcleo racional da dialética.

Em nossa opinião, é a partir do seminário de Kojève nos anos 1930 que devemos datar um certo tipo de inscrição não puramente acadêmica da referência hegeliana nas preocupações ideológicas do tempo. Desde aquele momento foi desenhada uma figura de Hegel da qual será preciso mais de 30 anos para se desprender – o jogo ainda não terminou, longe disso.

O Hegel de Kojève é exclusivamente o da *Fenomenologia do espírito*, apreendido no idealismo das cisões da consciência de si, mantido na metáfora ascendente que conduz do imediato sensível ao saber absoluto, com a dialética do Senhor e do Escravo no centro. É que o formalismo do confronto com o Outro tem essa virtude poética de se colocar sob o signo do risco e da morte: esse Hegel encontrará audiência junto ao romantismo revolucionário de Malraux e, ainda mais, junto aos surrealistas. Bataille e Breton dirão tudo o que devem a Hegel.

Solidamente escorado pelas traduções e pelos ensaios de Jean Hyppolite, essa figura unilateral atinge, após a guerra, a sua promoção massiva sob a égide sartriana. A doutrina pessimista do para-o-outro (o inferno são os outros) se alimenta disso. Do lado da psicanálise, o próprio Lacan, de mais a mais ancorado em suas amizades surrealistas, encontra, em seus primeiros textos, aquilo com o que elaborar sua doutrina do Imaginário: narcisismo e agressividade estão sob o regime simétrico do senhor e do escravo.

Em resumo: surrealistas e existencialistas encontravam em Hegel material para forjar um idealismo romântico tensionado, substituindo o sujeito afetivo no coração da experiência do mundo, mensurável por seu *páthos*, pela terrível algazarra histórica provocada em toda parte pelos efeitos da revolução bolchevique. Em relação às formas de consciência que Outubro de 1917, a crise, o fascismo, a guerra remodelavam como uma tempestade, o jovem Hegel, o homem que fez o balanço de 1789 e das guerras napoleônicas, servia de máquina de cerco contra o positivismo empoeirado das academias nacionais, contra o rom-rom sinistro dos pós-kantianos franceses, contra o humanismo laico dos "pensadores" do partido radical.

Hegel na França foi, antes e sobretudo, o idealismo trágico contra o idealismo cientificista. Nesse sentido, sua irrupção valia como testemunha disfarçada da época e substituía, nos mais profundos ideais subjetivos, a dupla figura do escritor maldito e do revolucionário profissional da III Internacional, homens violentos e secretos do mundo inteiro, pela bonomia condecorada até certo ponto subprefeitoral do membro do Instituto.

Nesse terreno, o encontro com o marxismo era, ao mesmo tempo, incontornável e impossível. Subjetivamente, os hegelianos daquela época apostavam na revolução e detestavam a ordem burguesa. Breton e Sartre continuaram ambos a voltar a essa passagem obrigatória: o companheirismo com os comunistas. Mas, não menos portadores do individualismo romântico do que Malraux, não podiam, por outro lado, tolerar até o fim as consequências mentais dessa companhia. No caso exemplar de Sartre, que, além do mais, acabava de chegar aos tempos das ambiguidades quanto à realidade proletária do partido, essa situação contraditória cedia lugar a um empreendimento gigantesco, que, de resto, tinha tido de modo recorrente múltiplos ancestrais, particularmente na Alemanha: fazer entrar o próprio marxismo no idealismo subjetivo. Hegel retornava dessa vez, pela inversão da inversão marxista, como um aparelho para virar o materialismo dialético de cabeça para baixo. Trata-se da própria história desse marxismo hegelianizado, cuja categoria central é a alienação e cuja sorte depende de um texto-chave do jovem Marx: os *Manuscritos de 1844*. Ainda ali, a lição de Kojève não tinha sido perdida, pois ela sublinhava o engendramento, desde o início da dialética do senhor e do escravo, da categoria de Trabalho, ponto focal onde soldar, em aparência, a economia política marxista aos avatares da consciência de si.

Na *Crítica da razão dialética* (mas depois do jovem Lukács, depois de Korsch), Sartre, em um único movimento, saudava o marxismo como horizonte intransponível de nossa cultura e tentava desmantelar esse marxismo reajustando-o à força à ideia de origem que lhe é mais estranha: a transparência do cogito. Para dizer a verdade, fora do círculo fechado dos intelectuais do partido que se ligavam a um cientificismo à maneira de Jules Guesde, esse era o único Marx disponível no mercado francês, e, ao mesmo tempo, o único Hegel.

Ambos falsos, esse Marx e esse Hegel, o primeiro por ter sido reduzido ao segundo e o segundo por ter sido separado da parte de si mesmo que tinha aberto o caminho para o primeiro: a *Grande Lógica*.

A contracorrente desenhou-se assim que o horizonte histórico se modificou profundamente. Acabado o ciclo dos efeitos da Segunda Guerra Mundial, desfeita implacavelmente a audiência revolucionária da Rússia Soviética, o PCF claramente engajado na revisão burguesa e chauvinista (a experiência da Guerra da Argélia, nesse ponto, foi decisiva), o crescente rigor proletário chinês, todos e cada um obrigados a tomar partido acerca das guerras de liberação nacional, os intelectuais tiveram de inventar para si um outro solo e organizar ideais distintos. O "companheiro de viagem" tinha morrido de inanição. Com ele, as garantias das filosofias da consciência, cujo papel tinha sido o de preservar, no que concernia a uma revolução fascinante, a dupla relação de engajamento e daquilo que a cada um concerne.

Solitários por um momento, os intelectuais foram obrigados a se identificar como tais e a redefinir sua relação com o marxismo a partir dessa reidentificação. A primeira tarefa redundou nessa valorização absoluta do saber e do intelecto que era o estruturalismo. A segunda, por uma violenta guinada, fez de Marx, em vez de um metafísico do Outro e do Trabalho, um cientista das estruturas sociais. Nos dois casos, rompeu-se ruidosamente com Hegel.

Como se sabe, foi Althusser quem mirou o tiro no marxismo idealizado do período anterior, depreciou o jovem Marx dos *Manuscritos de 1844* e fez de Hegel o contraste absoluto, chegando mesmo a sustentar a tese de uma descontinuidade radical entre Hegel e Marx como o ponto a partir do qual tudo se esclarece.

Em seu tempo (1962-1966), esse empreendimento de limpeza teve efeitos positivos, sustentado de longe pelos ataques dos chineses contra o revisionismo moderno, na forma doutrinal que tinham à época. Althusser devolvia ao marxismo uma espécie de gume brutal, isolava-o da tradição subjetivista, colocava-o na linha como conhecimento positivo. Ao mesmo tempo, Marx e Hegel estavam tão forcluídos quanto na época anterior, ainda que em termos invertidos. O segundo porque sua figura unilateral, tomada como alvo, estava por esse fato caucionada: o Hegel materialista da *Grande Lógica* é mudo, tanto para Althusser quanto para Sartre. O primeiro porque, acomodado aos conceitos do estruturalismo, só ganhava em ciência aquilo que perdia em historicidade de classe. O Marx hegelianizado dos anos 1950 era uma figura especulativa, mas virtualmente revolucionário. O Marx anti-hegeliano dos anos 1960 era cientista, mas votado aos seminários. Ou, para concentrar filosoficamente a alternativa: o Marx-Hegel era da dialética idealista, o Marx anti-Hegel, do materialismo metafísico.

O que a Revolução cultural e o Maio de 68 fizeram compreender massivamente é que era preciso uma coisa muito diferente de uma oscilação das tradições intelectuais nacionais (entre o Descartes do cogito de Sartre e o Descartes das máquinas de Althusser) para reinvestir o marxismo no movimento revolucionário real. À prova de tempestades, o Marx positivista de Althusser era ainda menos ameaçador, por suas ligações com a "revolução científica e técnica" do PCF, do que o Marx idealista de Sartre. Vimos perfeitamente nas escolhas e nas urgências: Althusser do lado de Waldeck Rochet, no final das contas; e Sartre com os maoístas, apesar de tudo.

Certamente é necessário fundar na França atual aquilo que Lênin em 1921 (e a propósito dos erros de Trotski quanto ao sindicalismo) conclamava, com todas as suas forças, à existência: "uma espécie de sociedade dos amigos materialistas da dialética hegeliana", à qual atribuía como tarefa nada menos do que fazer "uma propaganda da dialética hegeliana".

Que haja urgência, sabemos muito bem ao vermos os alegres "novos filósofos", encabeçados por Glucksmann, tentarem fechar o circuito.

Durante a primeira metade do século XX, Hegel serviu de mediação idealista para aclimatar um certo Marx às necessidades de nossa *intelligentsia*. Depois, chegou a vez da revanche da onipotente tradição científica: é o Marx apolítico dos doutores que subia no palanque, Hegel desaparecendo em bastidores amargos.

O propósito maoísta é romper com essa alternativa, essa esquiva. Ora, o que vemos? Os novos filósofos vêm agitar o hegelianismo como um espectro, como um monstro racional do Estado. Aquele que, por ódio consagrado à dialética, os aproximaria de Althusser, com a ressalva de que gostaria de extrair desse efeito de sombra mais luzes para Marx, ao passo que outros têm por propósito enfiar Marx e Hegel, novamente identificados, no saco escuro dos mestres pensadores de onde vem todo o Mal.

Assim, ao contrário do processo esboçado nos anos 1930, dessa vez é para nos desaclimatar do marxismo e nos forçar a confessar seu horror que mais uma vez se manipula essa esfinge de nosso pensamento filosófico central: a manutenção e a cisão da dialética entre Hegel e Marx.

Na verdade, é preciso recomeçar tudo do zero e ver, enfim, filosoficamente, que Marx não é nem o Outro de Hegel nem seu Mesmo. Marx é o *divisor* de Hegel. Ele determina simultaneamente sua validade irreversível (o núcleo racional da dialética) e sua falsidade integral (o sistema idealista).

Hegel permanece no embate de um interminável conflito, pois apenas a compreensão trabalhada de sua divisão interdita, no pensamento acerca da relação Marx/Hegel, tanto o desvio idealista-romântico quanto o desvio cientificista-acadêmico e, finalmente, o ódio *tout court* do marxismo.

Restituir a Hegel sua divisão não é em vão, porque é sempre sob o emblema de sua exclusão, ou de seu Todo, que caminham os filósofos burgueses de assalto, aqueles que se propõem não a ignorar o marxismo, mas a investir contra ele e neutralizá-lo.

Ainda é necessário para tal devolver a palavra ao Hegel amordaçado, ao Hegel essencial, aquele de que Lênin tomava notas febrilmente, aquele de que Marx declarava que sua leitura governava a inteligibilidade de *O capital*: o Hegel da *Lógica*.

Tentamos, começamos.

Há uma teoria do sujeito em Canguilhem?

Trata-se de uma intervenção em um colóquio organizado pelo Colégio Internacional de Filosofia, cujas atas foram publicadas em 1992. Canguilhem foi um de meus mestres no sentido mais estrito do termo: foi sob sua direção que em 1959 redigi minha dissertação de mestrado, cujo título, particularmente provocante, era La structure démonstrative dans le premier livre de L'Éthique de Spinoza *[A estrutura demonstrativa no primeiro livro da Ética de Espinosa]. A partir de 1966, ele também foi meu orientador de tese (sobre Diderot), ou melhor, teria sido, se eu tivesse finalmente sustentado uma tese, o que nunca fiz: Maio de 1968 e suas consequências me desviaram daquele projeto e, para dizer a verdade, distanciaram-me também de Diderot. Guardei uma viva admiração por esse homem rude, deliberadamente desagradável, de quem conservei preciosamente algumas cartas nada amenas a meu respeito. Nelas mal posso distinguir as construções tão abruptas quanto sábias através das quais ele construía sua fidelidade a Bergson, quiçá a Nietzsche, daquele que foi um dos médicos combatentes do Maquis de Mont Mouchet.*

Então pergunto: há na obra de Georges Canguilhem uma doutrina do sujeito? Decerto, pode parecer inutilmente complicado colocar a uma obra de história e de epistemologia uma questão da qual ela, de maneira explícita, furta-se. Admito que essa complicação seja um viés de filósofo. E convoco meus fiadores. Testemunhas tão discordantes que não podemos decidir se se trata de testemunhas de moralidade ou de imoralidade.

A mais suspeita dessas testemunhas não é outro senão Heidegger, que na *Introduction à la métaphisique* [Introdução à metafísica] declara: "É da essência da filosofia tornar as coisas não mais fáceis, mais leves, porém mais difíceis, mais pesadas".

A menos suspeita dessas testemunhas é o próprio Georges Canguilhem, que conclui assim o texto *La Question de la normalité dans l'histoire de la pensée biologique* [A questão da normalidade na história do pensamento biológico]: "O autor sustenta que a função própria da filosofia é a de complicar a existência do homem, inclusive a existência do historiador das ciências".

Compliquemos, pois; e, se posso me exprimir assim, compliquemos de bom grado.

Evidentemente, não há nenhuma doutrina do sujeito na obra de Georges Canguilhem. Tal é a simplicidade da constatação. A complicação é que "sujeito", várias vezes utilizado por Canguilhem com a inicial maiúscula, o Sujeito, nem por isso deixa de ser um operador convocado em pontos estratégicos do empreendimento de pensamento que aqui homenageamos.

Sem dúvida, esses pontos estratégicos estão todos situados sobre uma linha de fratura, têm um valor sismográfico. Assinalam falhas, descontinuidades entre as placas tectônicas do pensamento e o que este impõe ao ato. Creio poder identificar três dessas descontinuidades:

– Uma descontinuidade quase ontológica, que separa, na apresentação natural, o vivente e o não vivente.

– Uma descontinuidade operatória, que distingue a técnica e a ciência.

– Uma descontinuidade principalmente ética, que articula na medicina a dimensão do saber e a dimensão, digamos, da proximidade.

Se o vivente é para Canguilhem sempre em alguma medida pré-subjetivo, se é uma disposição através da qual desaparece todo sujeito possível, é porque ele é impensável se, a seu propósito, não se enodam três noções essenciais que são o centro, ou o centramento, a norma e o sentido. Uma primeira aproximação, uma espécie de esquema formal ou de virtualidade do sujeito, concerne a esse nó entre o centro, a norma e o sentido. O nó será formulado, por exemplo, assim: todo vivente é um centro, porque constitui um meio normatizado, onde comportamentos e disposições ganham sentido em relação a uma necessidade.

Assim concebido, o centramento faz objeção àquilo que a teoria científica considera ser seu real segundo uma descrição única e unívoca. A pluralidade dos viventes atesta, de saída, a pluralidade dos mundos, se entendermos por mundo o lugar do sentido, tal como em torno de um centro existem normas correspondentes. Daí resulta o que podemos chamar de conflito dos absolutos, exatamente indicado no famoso texto *Le Vivant et son milieu* [O Vivente e seu meio].

Em um primeiro tempo Canguilhem absolutiza o real, sob a forma unificada que a ciência física lhe atribui, ao menos idealmente. Cito:

> A qualificação de real não pode a rigor convir senão ao universo absoluto, ao meio universal de elementos e de movimentos verificados pela ciência, cujo reconhecimento como tal é acompanhado necessariamente pela desqualificação que trata como ilusões ou erros vitais todos os meios próprios centrados subjetivamente, inclusive o do homem.

Observemos de passagem que o centramento é aqui explicitamente associado a uma conotação subjetiva. Todavia, é apenas para expor essa conotação ao descrédito que se lhe inflige a absolutez do universo determinado cientificamente.

Mas imediatamente em seguida, essa absolutez se vê contrariada por outra. Pois, diz Canguilhem, "o meio próprio dos homens não está situado no meio universal como um conteúdo em seu continente. Um centro não se resolve em seu meio ambiente". Passando do centramento ao efeito de sentido, ele enuncia "a insuficiência de toda biologia que, por completa submissão ao espírito das ciências físicoquímicas, gostaria de eliminar de seu domínio qualquer consideração de sentido". Terminando finalmente de apertar o nó, Canguilhem passa do sentido à norma, para concluir: "Um sentido, do ponto de vista biológico e psicológico, é uma apreciação de valor em relação a uma necessidade. Uma necessidade é, para quem a experimenta e a vivencia, um sistema de referência irredutível e por isso absoluto".

A palavra "absoluto" não está aqui por acaso, ele insiste: "Há um centro de referência que poderíamos dizer absoluto. O vivente é precisamente um centro de referência".

Eis pois, vocês veem, que a absolutez objetiva do meio universal duplica-se no absoluto subjetivo da necessidade, que fornece sua energia ao tripé do centramento, da norma e do sentido.

Esse conflito dos absolutos acarreta que aquilo que é propriamente real, aquilo que faz diferença no real varie completamente, de acordo com o lugar de onde se fala. Aos olhos do universo absoluto, ou do meio universal, os meios vivos não têm nenhum sentido que permitiria classificá-los ou compará-los. Como diz Canguilhem, se adotamos o ponto de vista do em si, seria preciso dizer que "o meio dos valores sensíveis e técnicos do homem não tem em si mais realidade do que o meio próprio do tatu-bola ou da ratazana cinza".

Se por outro lado nos instalamos na configuração pré-subjetiva do centramento, da norma e do sentido, se formos, então, um tatu-bola, uma ratazana ou um humano, a situação é completamente diferente. Aos olhos da absolutez da necessidade, a realidade absoluta do meio universal é uma antinatureza indiferente. Os modernos sabem disso, eles renunciaram à harmonia dos dois absolutos. Canguilhem elogia Fontenelle por ter sido precisamente aquele que soube dar uma versão divertida a "uma ideia absurda e deprimente aos olhos dos Antigos, de uma Humanidade sem destino num Universo sem limite". Acrescentaria: é precisamente por essa razão que o conceito de sujeito é, exemplarmente, um conceito moderno. Ele indica o conflito dos absolutos.

Mas eis aqui uma volta do parafuso suplementar à complicação. Seria muito simples opor o absoluto do meio universal à absolutez pré-subjetiva do centramento vivente. Em se tratando, em todo caso, do sujeito humano, ele está implicado nos dois termos do conflito. Como sujeito da ciência, é constituinte, pela matemática, pela experimentação e pela técnica, do universo absoluto real, do qual todo centro está ausente. Como sujeito vivente, faz objeção a esse universo pela singularidade instável de seu meio próprio, centrado, normatizado, significante. Desde então, "sujeito" passa a nomear, de alguma maneira, não um dos termos da discordância dos absolutos, mas antes o enigma da própria discordância.

Ora, o que concentra esse enigma é precisamente o estatuto, nas ciências da vida, do sujeito que conhece. Trata-se do sujeito cientista, harmônico ao universo descentrado, ou do sujeito vivente, produtor de normas que sempre alguma necessidade absoluta volta a centrar? Essa questão anima a quase totalidade dos textos de Canguilhem. Certamente, ele chega a sustentar que o sujeito das ciências da vida está exatamente no ponto em que se exerce o conflito dos absolutos.

Por um lado, Canguilhem insiste em que o ser-vivo é a condição primeira de toda ciência da vida. Conhecemos a fórmula da introdução de *La Connaissance de la vie* [O conhecimento da vida]: "o pensamento do vivente deve conter do vivente a ideia do vivente". Ela se prolonga pela constatação de que para fazer matemática basta ser um anjo, ao passo que, para fazer biologia, "às vezes precisamos nos sentir animais". É porque nós compartilhamos a singularidade pré-subjetiva do centramento que esta se propõe ao conhecimento. É isso que faz com que o vivente, diferentemente do objeto da física, resista a toda constituição transcendental. De modo mais abrangente, como Canguilhem diz em *Le Concept et la vie* [O conceito e a vida], desde que o vivente seja levado em consideração, há "uma resistência da coisa, não ao conhecimento, mas a uma teoria do conhecimento que procede do conhecimento à coisa". Ora, nesse assunto, proceder a partir da coisa é colocar-se no lugar de sua absolutez, a partir, pois, do centramento e do sentido. Canguilhem não cederá jamais sobre esse ponto. Em *La Question de la normalité dans l'histoire de la pensée biologique* [A questão da normalidade na história do pensamento biológico], afirma ainda: "A interrogação sobre o sentido vital desses comportamentos ou dessas normas, ainda que não provenha diretamente da física e da química, também faz parte da biologia". Nesse sentido delimitado, há necessariamente uma dimensão subjetiva da biologia.

Mas, por outro lado, submetida ao ideal da ciência, a biologia participa de uma ruptura com o centramento e com a singularidade do meio. Ela conecta-se à "neutralidade" que governa os conceitos do meio universal. Ela também é, pois, assubjetiva. É claro que a ciência é uma atividade normatizada, ou, diz Canguilhem em seu texto sobre *L'Objet de l'histoire des sciences* [O objeto da história das ciências], uma atividade "axiológica". O nome dessa atividade, acrescenta, é "a busca da verdade". Mas a "busca da verdade" provém da absolutez da necessidade vivente? A norma que regula a busca da verdade não é apenas o prolongamento das normas vitais que centram o sujeito da necessidade? Eis o que só poderia ser estabelecido nos quadros de uma doutrina do sujeito, ainda que estejamos andando em círculos.

Parece finalmente que a ciência, ou mesmo de modo mais geral a ação humana que a ciência informa, não possa se deixar pensar no quadro estritamente natural que propõe o nó do centramento, da norma e do sentido. A propósito de um texto de Adam Smith sobre as religiões politeístas, Canguilhem saúda "a profundidade sem ostentação da observação segundo a qual o homem não é conduzido a inventar uma sobrenatureza senão na medida em que sua ação constitui, no seio da natureza, uma contranatureza". O sujeito, ao menos o sujeito humano, seria consequentemente isso que ultrapassa na ilusão sobrenatural a contranatureza de seu ato? Sem dúvida, em todo caso, cabe aqui pensar que o sujeito do saber biológico trata da discordância entre sua operação e seu objeto, entre natureza e contranatureza, e finalmente da discordância entre os absolutos. Nisso ele não é redutível nem ao vivente nem ao cientista.

O que também quer dizer, e evoco aqui a segunda grande descontinuidade em que a palavra "sujeito" é de algum modo convocada, que esse sujeito não é nem técnico nem científico. Pois Canguilhem prefere apresentar a técnica, na filiação bergsoniana, como uma continuação do efeito de normas vitais. Ainda que a ciência ultrapasse os limites do centramento. É assim que no artigo "Machine et organisme" [Máquina e organismo] Canguilhem escreve o seguinte: "A solução que nós tentamos justificar tem a vantagem de mostrar o homem em continuidade com a vida através da técnica, antes de insistir na ruptura cuja responsabilidade ele assume através da ciência".

Proponho, pois, dizer que o sujeito, no ponto em que estamos, nomeia no vazio a articulação de uma continuidade natural e de uma descontinuidade contranatural, ela mesma projetada na complexidade da técnica e da ciência, e onde se realiza um conflito de absolutos.

A consideração da medicina vem, uma vez mais, saturar ou complicar esse enunciado provisório. Se existe um tema particularmente constante na obra de Canguilhem, é a irredutibilidade da medicina a isso que nela se apresenta como cientificidade eficaz. Em 1951, ele declara firmemente que "o ato médico-cirúrgico não é apenas um ato científico, pois o homem doente que se entrega à consciência mais ainda do que à ciência de seu médico não é somente um problema fisiológico a resolver, é sobretudo uma aflição a socorrer". Em 1978, o recurso a conotações subjetivas é massivo:

> O doente é um Sujeito, capaz de expressão, que se reconhece como Sujeito em tudo que ele sabe designar apenas através de possessivos: sua dor e a representação que ele faz dela, sua angústia, suas esperanças e seus sonhos. Ao mesmo tempo em que, no que tange à racionalidade, somos capazes de detectar em todas essas

possessões inúmeras ilusões, o poder da ilusão deve permanecer sendo reconhecido em sua autenticidade. É objetivo reconhecer que o poder de ilusão não é da competência de um objeto. [...] É impossível anular na objetividade do saber médico a subjetividade da experiência vivida pelo doente. [...] Esse protesto de existência merece ser escutado, mesmo que ele oponha à racionalidade de um julgamento bem fundado o limite de um tipo de delimitação impossível de se alcançar.

No primeiro texto, a aflição invocada conduz a isto: que centramento subjetivo é inelutavelmente dado no campo em que o médico opera. No segundo texto, o sujeito é isso que é capaz de ilusão e por isso se furta a todo processo de pura objetivação. A capacidade de ilusão e de erro como prova do sujeito é aqui decisiva. Ela nos lembra de que, comentando a doutrina do fetichismo em Auguste Comte, Canguilhem propõe esta fórmula: "No começo era a ficção". O que começa no mundo da ficção é a resistência do sujeito humano a deixar destruir a absolutez de seu centramento. A medicina deve poder dialogar, por suas próprias narrativas, e não apenas por seu saber, com a ficção na qual o sujeito enuncia essa resistência.

O tema do sujeito trama finalmente uma tripla determinação negativa:

– O centramento, que é o absoluto do vivente, faz obstáculo à exibição objetiva de um universo absoluto.

– O sentido, que transita pela suposição de normas, faz obstáculo à conclusão de uma biologia integralmente reduzida ao físico-químico.

– A ficção, enfim, faz obstáculo a uma abordagem da aflição do vivente puramente através do saber.

Essa egologia negativa, poderíamos transcrevê-la numa imitação da famosa definição da vida introduzida por Bichat, fórmula que Canguilhem cita muito frequentemente. Diríamos então: "O sujeito é o conjunto de funções que resistem à objetivação". Mas será preciso acrescentar imediatamente que não se trata aqui de um inefável. Aos olhos de Canguilhem, existe claramente uma disciplina de pensamento que se apropria do dispositivo dessas funções de resistência. Essa disciplina de pensamento é a filosofia.

A questão se torna pois: de qual viés filosófico preferencial Canguilhem aborda esse tema do sujeito, que a epistemologia e a história indicam apenas superficialmente?

No que concerne ao sujeito do conhecimento, ou sujeito da ciência, o melhor ponto de partida parece-me se encontrar em um texto condensado e complexo, em que Canguilhem aborda as reservas, ou as questões, que alguns desenvolvimentos de Bachelard suscitam nele. Eis alguns fragmentos essenciais desse texto:

> Bachelard continua a utilizar o vocabulário da psicologia para expor um racionalismo de tipo axiológico [...]. O Sujeito dividido cuja estrutura ele apresenta somente é dividido por se tratar de um Sujeito axiológico. "Todo valor divide o sujeito que atribui valor". Ora, se podemos admitir os conceitos de psiquismo normativo e de psicologia normativa, não teríamos, então, razão de nos espantarmos diante do conceito de "psicologismo de normatização"? [...] Seja como for, não recusaremos a Bachelard uma lucidez total concernente à dificuldade de constituir de alto a baixo o vocabulário de uma epistemologia racionalista sem referência a uma ontologia da razão ou sem referência a uma teoria transcendental das categorias.

Canguilhem sustenta firmemente, ainda que contra Bachelard, que a doutrina do sujeito que sustenta a objetividade da ciência não poderia ser psicológica. Canguilhem não deixou de sustentar esse axioma antipsicologizante, no fundo, com o mesmo vigor que o primeiro Husserl, embora com uma intenção totalmente diferente. Não lhe parece que Bachelard se distancie suficientemente de um psicologismo melhorado quando aborda a questão crucial das normas.

Mas é claro que uma solução de tipo transcendental também não conviria a Canguilhem. Ela lhe convém ainda menos na medida em que a biologia moderna parece confirmar uma de suas mais antigas intuições: no conhecimento da vida, os *a priori* não estão do lado do sujeito, mas do lado do objeto, ou da coisa. O vivente prescreve o pensamento do vivente, o que Canguilhem, em *Le Concept et la vie*, opõe explicitamente à suposição de um sujeito transcendental, quando escreve: "Não é porque sou sujeito, no sentido transcendental do termo, é porque sou vivente que devo buscar na vida a referência da vida". E, comentando a descoberta do código genético, verdadeiro *logos* inscrito na combinatória química, conclui: "definir a vida como um sentido inscrito na matéria é admitir a existência de um *a priori* objetivo, de um *a priori* propriamente material e não mais simplesmente formal". Em que podemos ver que o próprio sentido, categoria maior do centramento subjetivo, trabalha contra a hipótese de um sujeito transcendental.

Canguilhem enfim parece rejeitar também um sujeito extraído do que ele chama de ontologia da razão, um sujeito destacado do mundo das Ideias, como em Platão, ou coextensivo a uma coisa pensante, como em Descartes. O que não poderia espantar, pois tais sujeitos, ainda que não tratem do conflito dos absolutos, tendem a conectar à força o sujeito centrado à absolutez do universo, o que lhes barra o caminho a um pensamento adequado acerca do vivente.

Nem psicológico, nem transcendental, nem substancial, o que, então, pode ser positivamente esse sujeito, cujo efeito visível é inteiramente subtrativo, de resistência à objetivação? Canguilhem, com a discrição filosófica que nele é uma espécie de ética do dizer, sugere, parece, duas pistas.

No texto sobre Galileu, Canguilhem retoma o processo do cientista e conclui pela absolvição. Por quê? Porque Galileu teve razão, segundo ele, em invocar, na falta de provas atualizáveis de suas hipóteses, o futuro infinito de sua validação. Teríamos aí uma dimensão capital do sujeito do saber, que é sua historicidade. Uma vez iniciada a posição singular de um tal sujeito, é de sua essência supor a si mesmo como infinito em sua regra assim como em seus efeitos. Cito: "Galileu assumiu para si mesmo, em sua existência de homem, uma tarefa infinita de medida e de coordenação de experiências que requer o tempo da humanidade como sujeito infinito do saber".

Se o sujeito da ciência pode manter simultaneamente dois absolutos conflitantes que são seu centramento vivente e o ideal neutro do meio universal, é porque ele se deixa representar, em cada caso singular, como prisioneiro de uma tarefa infinita. Essa tarefa trabalha precisamente no intervalo dos dois absolutos. Ela substitui a singularidade do vivente pela história infinita da consequência de seus atos e de seus pensamentos. "Humanidade" é, então, o nome genérico de todo sujeito vivente singular, contanto que ele se mantenha na história das verdades.

A outra pista concerne à natureza da própria tarefa, tal como procurada sob a suposição de um sujeito infinito do saber. Encontramos aqui talvez o que creio ser, após o conceito de centro, o mais importante conceito de Canguilhem, o deslocamento. O texto mais desenvolvido em torno desse conceito é o seguinte, retirado de *Le Concept et la vie*:

> O homem se engana quando não se coloca no lugar adequado para obter uma certa informação que procura. Mas também, é pelo esforço de se deslocar que obtém informações, ou deslocando, com quaisquer técnicas [...], os objetos, uns em relação aos outros, e o conjunto em relação a si. O conhecimento é pois uma busca inquieta da maior quantidade e da maior variedade de informações. Consequentemente, ser sujeito do conhecimento, se o *a priori* está nas coisas, se o conceito está na vida, é somente estar insatisfeito com o sentido encontrado. A subjetividade é, então, unicamente a insatisfação. Mas aí está talvez a própria vida. A biologia contemporânea, entendida de uma certa maneira, é, de algum modo, uma filosofia da vida.

O deslocamento, vemos, nomeado anteriormente como errância, é aquilo que é suposto da subjetividade livre no princípio de todo conhecimento, inclusive o erro. Essa liberdade se anuncia como insatisfação de um sentido. É a energia viva que investe a verdade como trajeto. Pois uma verdade se obtém num constante deslocamento das situações, deslocamento que chamei de regime das enquetes. E é de fato no trajeto das enquetes, ou para Canguilhem na liberdade dos deslocamentos, que trabalham as verdades sucessivas.

Não emprego a palavra "liberdade" superficialmente. No artigo sobre o normal e o patológico, Canguilhem declara: "A norma, em matéria de psiquismo humano, é a reivindicação e o uso da liberdade como poder de revisão e de instituição das normas, reivindicação que implica normalmente o risco da loucura".

Ora, esse poder de revisão das normas tem o deslocamento como método obrigatório, de forma que o uso da liberdade, em última análise, é comandado por regras que autorizam ou restringem o percurso dos possíveis e das experiências.

Certamente, não é indiferente que a alegação de "loucura" não seja em nenhum caso, para Canguilhem, um motivo legítimo para codificar estreitamente tudo aquilo que se desloca ou que quer se deslocar. Isso depende da verdade.

O deslocamento, no fundo, continua sendo uma atividade do vivente, porque sempre é feita a partir do interior do centramento normativo, ou traz consigo a exigência de um deslocamento do centro, que é também uma mudança de sentido. Mas a infinidade dos deslocamentos aproxima do mesmo modo a realidade absoluta descentrada, precisamente porque ela supõe como sujeito, além do sujeito vivente, e através do sujeito vivente, um sujeito livre para se deslocar, quer dizer, um sujeito historicizado no verdadeiro sentido do termo. E, por sua vez, tal sujeito não renuncia, muito pelo contrário, à ficção. Pois, como Canguilhem escreve em seu texto sobre a *"Histoire des sciences de la vie depuis Darwin"* [História das ciências da vida desde Darwin]:

> A construção fictícia de um devir possível não é mais feita para contestar no passado a realidade de seu curso. Muito pelo contrário, ela coloca em evidência seu verdadeiro caráter histórico na relação com a responsabilidade dos homens, quer se trate de cientistas, quer de políticos; ela purifica a narração histórica de tudo o que poderia parecer como um ditado da Fatalidade.

Finalmente, o sujeito é três coisas: sob o nome de humanidade, expõe a singularidade ao devir infinito das verdades; sob o nome de conhecimento, fende a plenitude neutra do universo pela insatisfação nativa do vivente; sob o nome de ficção, subtrai-se à tentação do fatal. Essa humanidade cognitiva e fictícia é, de início e antes de tudo, a liberdade do deslocamento, a liberdade de ir e vir.

Para Canguilhem, há sujeito, e isso será minha conclusão, contanto que exista no universo um vivente tal que, insatisfeito com o sentido e apto a deslocar as configurações de sua objetividade, aparece sempre, na ordem da vida e no equívoco do adjetivo, como um vivente um pouco deslocado.

O sujeito suposto cristão de Paul Ricœur[1]

---
[1] Acerca de RICŒUR, Paul. *La Mémoire, l'historie, l'oubli*. Paris: Seuil, 2000. [Para as citações e referências, adotamos, com ligeiras alterações, a edição brasileira: *A memória, a história, o esquecimento*. Trad. Alain François [*et al*.]. Campinas, SP: Editora da Unicamp, 2007. (N.T.)]

Quando da publicação do grande livro de Ricœur, A memória, a história, o esquecimento, *a Universidade Paris 8 organizou, em outubro de 2001, uma sessão de discussão desse livro, à qual reuni-me de bom grado. Foi através da tradução de* Ideen *que Ricœur havia proposto que fui iniciado em Husserl, no início dos anos 1950. Ricœur esteve na minha banca do exame de* agrégation.[2] *Participei com ele de alguns programas de filosofia na televisão escolar, em meados dos anos 1960. Também achei corretos, ainda que um tanto violentos, os ataques de meu colega Michel Tort contra seu livro* Da interpretação, *em larga medida consagrado a Freud e à psicanálise, porque nós, lacanianos, não podíamos tolerar que se arrastasse essa disciplina para o lado da hermenêutica interpretativa. No fundo, mesmo admirando a força e a clareza das exegeses e construções de Ricœur, já sabíamos que ele participava disso que Dominique Janicaud mais tarde irá chamar, em um livro severo, de "a guinada teológica da fenomenologia". Li com a maior atenção o livro de Ricœur e encontrei em seus meandros, nos detalhes mais ativos do pensamento, uma visão militante do sujeito cristão. Ricœur ficou escandalizado por esta leitura, considerou-a uma espécie de "inquisição" e nunca me perdoou por ela.*

A proposta de Paul Ricœur, sempre afável e marcado por uma infinita paciência, quiçá de uma espécie de cortesia acadêmica, em regra geral, não deixa de ser uma proposta combatente, situada bem

---

[2] *Agrégation* é o concurso de recrutamento de professores do ensino secundário e de algumas áreas do ensino superior. Existe desde 1766. (N.T.)

perto das mais vivas discussões. Em todo caso, daquelas que dividem o que podemos chamar, *grosso modo*, de campo "consensual", ou seja, aquele que ratifica sem discussão os valores comuns à democracia representativa e ao humanismo jurídico.

Qual é a estratégia de Ricœur acerca da memória e da história? Trata-se, na verdade, de subtrair a história disso que convém chamar de "dever de memória". O que "recobre" nos fatos esse "dever"? A irredutibilidade do extermínio dos judeus da Europa (versão estrita) ou os campos "totalitários" (versão ampla) a toda concepção racional ordinária do relato histórico e, consequentemente, a submissão da disciplina histórica a uma norma trans-histórica? Claro, a ideia dessa submissão não é nova. Sabe-se, por exemplo, o uso que Bossuet fez dela. A novidade é que a norma que regula o "dever de memória" não tem por si mesma caráter providencial, como é o caso para os historiadores cristãos tradicionais. Esse "dever" submete a história a uma coação ética que se origina não de uma teoria da salvação, mas de uma ocorrência do Mal. Pode-se dizer assim que o "dever da memória" deve deixar indefinidamente aberta, no tecido da história, uma ferida essencial, contradizendo assim a mensagem evangélica da redenção, que quer que um acontecimento radical (a vinda do Filho) tenha *redimido* para sempre o destino da humanidade. Por isso a disputa envolve necessariamente um terceiro termo: o esquecimento, como correlato dialético do perdão. O "dever de memória" proíbe o esquecimento, de que a redenção cristã abre, ao contrário, a possibilidade absoluta, nossa potência de julgamento, qualquer que seja o escândalo, inclusive o massacre de Inocentes, que não é nada em comparação à infinidade do sacrifício consentido por Cristo, por nossos pecados.

Sejamos sumários, talvez brutais: sem que nunca seja precisado o que está em jogo, apostando ser possível manter-se de ponta a ponta nos quadros das regras da discussão acadêmica, o que Ricœur, na verdade, tenta obter através dos meios sofisticados da análise conceitual não é nada menos do que uma vitória. A vitória da visão cristã do sujeito histórico contra aquela que hoje em dia impõe-se cada vez mais e que é de procedência judaica, mas não unicamente. De um lado, um acontecimento salvador quebra em duas a história do mundo e autoriza a partir da perspectiva do relato soberano que nada possa acontecer que seja por direito subtraído ao perdão, à remissão dos pecados, à absolvição dos crimes, ao esquecimento ético. Do outro lado, uma Lei imemorial, de que alguns acham que um povo é depositário, autoriza o julgamento absoluto e a memória eterna do crime – o massacre industrial – através do qual os nazistas (versão estrita) e os stalinistas (versão ampla) tentaram erradicar populações inteiras tidas como indignas de viver, em vista de um projeto prometeico e perverso de fundação de um "homem novo".

Suponhamos que pertençamos, como é o caso de todo filósofo estabelecido no *consenso* democrático, a uma tradição espiritual que pretende fundar o humanismo jurídico que impõe esse *consenso*. Então, entre o sujeito da Lei, que faz face a uma tradição persecutória, e o sujeito da fé, ao qual um acontecimento sacrificial abre o caminho da salvação, é preciso escolher. E como a época, crepuscular, consagra-se à reviravolta histórica e ao comércio do passado, o campo de batalha é a disciplina histórica.

Sustentaremos, pois, que o grande livro de Ricœur, sutil e erudito, não é menos por isso a forma aveludada de uma espécie de guerra abstrata que engaja, via controle da prática histórica, a direção espiritual do campo "democrático".

Para nós, que não reivindicamos nem esse campo nem nenhum de seus componentes, a análise objetiva do que ali acontece não é de somenos importância. E tanto mais que um certo trabalho de clarificação se impõe: o que acabamos de afirmar não é afirmado nesses termos por Ricœur nem pelos que discutem com ele. O que verdadeiramente está em questão na polêmica, como sempre quando estamos nas fronteiras da ideologia e das escolhas conjunturais, encontra-se velado. Podemos até mesmo dizer que, assim como Descartes, Ricœur caminha mascarado – ainda que certamente seja preciso inverter as significações respectivas, religiosa ou descrente, do rosto e da máscara.

Do mesmo modo, nosso trabalho de leitura consiste em mostrar onde e como entra em cena, sem que seu nome seja dito nem uma vez, o que chamamos de sujeito cristão.

A tentativa

A fim de construir a independência da história com relação à memória, Ricœur busca suprimir toda referência a operadores que poderiam *forçar* a unidade dos dois termos. É por isso que ele declara explicitamente não pressupor nem um sujeito psicológico identificável, que portaria como tal uma "memória", nem um ator determinado (classe, raça, nação...), que seria por destinação o sujeito da História.

Podemos dizer que Ricœur pratica uma espécie de ἐποχή, ou antes uma entrada em cena adiada, de tudo aquilo que poderia ser, não como em Husserl a tese da existência exterior de um objeto, mas sobretudo disso que se apresentaria, na cena da dialética entre história e memória, como uma tese de *identificação* de um sujeito.

É um ponto capital da estratégia de Ricœur chegar *o mais tarde possível* ao motivo do sujeito. Do mesmo modo como, diremos, Deus, com relação à história dos homens e de seus pecados, teve todo o tempo do mundo para organizar a vinda redentora de Seu filho.

Na realidade, o momento do sujeito é rejeitado no finalzinho do livro, quando se trata de examinar a questão delicada, mas conclusiva, do perdão. Quer dizer, notamo-lo no momento em que convém – sem o que todo perdão seria impossível – *separar* a identidade subjetiva essencial do ato criminoso atribuível a essa subjetividade.

Essa questão da separação entre a identidade do atuante e a natureza criminosa do ato é evidentemente crucial. O que significa, com efeito, que o acontecimento salvador tenha ocorrido senão que desde então nossa natureza subjetiva não é mais intrinsecamente pecadora e que ela é, pois, sempre virtualmente separável de seus atos mais vis?

Mas, uma vez mais, não é assim que Ricœur fala. Ele só vai introduzir, com elegância, o tema da separação possível de uma identidade subjetiva bem no final do livro, para autorizar o perdão e abrir caminho para o esquecimento. A elegância é levada até o ponto de apresentar esse fim apenas como "epílogo", que trata de uma dificuldade ("O perdão difícil") e acaba com... o inacabamento. Vejamos as últimas linhas: "Sob a história, a memória e o esquecimento. Sob a memória e o esquecimento, a vida. Mas escrever a vida é outra história. Inacabamento" (p. 513).

O epílogo ocupa 65 páginas de um total de quase 700...[3] Sim, que elegância! Elegância do fim político, que sabe que o texto capital, aquele que realmente vai decidir a partilha das vozes e da orientação do Partido, encontra-se não no grande relatório logorreico sobre "a situação atual e nossas tarefas", que todos aplaudem, mas em uma breve e secundária moção concernente à eleição do tesoureiro adjunto.

---

[3] Na edição brasileira, o Epílogo ocupa 46 de um total de 513 páginas. (N.T.)

"Escrever a vida é outra história"... Mas "a vida", caro Ricœur, a vida do sujeito redimido é justamente isso a que você silenciosamente *destinou* as longuíssimas e muito finas discussões sobre a fenomenologia da memória, sobre o estatuto do arquivo ou sobre o ser-no-tempo. E é o porquê de durante 600 páginas o sujeito, seja o da memória, seja o da história, ter permanecido indeterminado.[4] Sim, *quase* até o fim, a identidade não é separável nem identificável. Ela é uma *hipótese de atribuição*: isso sobre o que poderiam ser ditas as operações da memória e as proposições históricas. E como é possível – diz-nos Ricœur – se contentar com esse "poderiam", descrever-se-ão essas operações e essas proposições sem ter de supor um sujeito identificável. É mesmo a ἐποχή de que falava anteriormente, que Ricœur renomeia de "reserva de atribuição".

Tal é a tentativa que esse vasto e belo livro desdobra: regular "objetivamente", graças a uma reserva de atribuição, o exame dos regimes da memória e das proposições da história, de maneira a fazer entrar em cena o sujeito apenas no momento – crucial – da correção entre esquecimento e perdão. Então esse sujeito, quão anônimo tenha podido ser, não tem nenhuma chance de escapar à sua sobredeterminação cristã.

O método

Podemos chamar de "método" aquilo que autoriza "a objetividade" das primeiras 600 páginas do livro. Ou seja, as operações através das quais se nos é proposto passar por não ter de supor, ou identificar, "sob" a memória ou "sob" a história, um sujeito filosoficamente reconhecível.

No livro, há claramente três operações fundamentais: a atribuição, a proposição e o desligamento. Todavia, apenas as duas primeiras são metódicas. A terceira, veremos, é apologética.

1. A atribuição. Consiste em sustentar que os processos da memória são objetivamente inteligíveis sem a necessidade de supor um sujeito. Para fazê-lo, articular-se-á o núcleo do problema – a presença da ausência – em uma ontologia do tempo de estilo heideggeriano.

É apenas num segundo tempo, uma vez liberado esse núcleo "puro" de inteligibilidade, que os processos da memória são *atribuíveis*

---

[4] 450, na ed. bras. (N.T.)

a este ou aquele tipo de sujeito. E é justamente porque essa atribuição se deixa rejeitar em um segundo tempo que podemos sustentar sua colocação em reserva em um primeiro tempo.

No fundo, os processos da memória deixam-se pensar como predicados que, em seguida, podemos livremente atribuir a tipos subjetivos.

Ricœur pode, então, empenhar-se em uma longa discussão acerca dos tipos possíveis de sujeito ao qual esse gênero de predicado "memorial" é atribuível. Muito classicamente, distingue três: o eu, os coletivos, os próximos. Ou seja, os dados da história (os coletivos) enquadrados pelo díptico fundamental do eu e do outro, da alma e do próximo. O que vai no sentido de São Paulo: o pertencimento ao coletivo é idealmente secundário em relação ao que regula a caridade: "Amarás a teu próximo como a ti mesmo". Acrescentemos: não te recordarás mais disso tampouco. Prepara-se aqui, nas entrelinhas, a subordinação da memória, como suposição de um imperativo coletivo, ao espaço salvador do perdão que um eu concede aos outros.

O contrário da reserva de atribuição é a mobilidade dessa atribuição entre os três tipos em questão. Prestemos atenção nas regras dessa mobilidade, tal como Ricœur encontra-as em Strawson:

> Cabe a esses predicados, já que são atribuíveis a si mesmos, poder ser atribuíveis a um outro além de si. Essa mobilidade da atribuição implica três propostas distintas: (1) que a atribuição possa ser suspensa ou operada; (2) que esses predicados conservem o mesmo sentido em duas situações de atribuição distintas; (3) que essa atribuição múltipla preserve a dissimetria entre adscrição a si mesmo e adscrição ao outro (p. 135).

A despeito da cláusula final da dissimetria, o par que, em se tratando da atribuição, forma sua reserva e sua mobilidade parece condenar toda *singularidade* de processos memoriais. Uma lembrança de alguma maneira *revelada* não é justamente aquela em que a reserva de atribuição é impossível? Não está ali, contra seu tratamento puramente predicativo, todo o real da memória, como ponto de estofo entre um sujeito inelidível e aquele que, por ter advindo, constitui-o no tempo? Quando Strawson e Ricœur dizem que os predicados memoriais devem "conservar o mesmo sentido em duas situações de atribuição distintas", eles fazem pouco caso de que a questão fundamental que endereçamos a uma lembrança seja acerca não de seu sentido, mas de sua verdade. E que, diferentemente do sentido, uma verdade não poderia ser predicada identicamente a dois sujeitos distintos.

A hipótese que devemos fazer é pois que a atribuição é um operador *ad hoc* que visa atribuir à memória apenas um estatuto predicativo, reservando a singularidade subjetiva para a economia da salvação.

2. A proposição. Ela suporta a operação fundamental da representação histórica. O axioma de uso da proposição é formulado diversas vezes, por exemplo à página 190: "O fato não é o acontecimento, ele próprio devolvido à vida de uma consciência testemunha, mas o conteúdo de um enunciado que visa representá-lo".

Vê-se como Ricœur busca seguir o caminho do meio. Opõe-se à confusão entre o fato histórico e um acontecimento real rememorado. Mas se opõe igualmente à dissolução do fato na retórica normativa das leis da ficção. Se, como pensa Michelet, a história é a "ressurreição integral do passado", haverá confusão entre história e memória. Mas se, como pensam os nominalistas, a história é estritamente coextensiva ao relato, sem que nada de real seja aí representado, nenhum acontecimento histórico poderá ser atestado. Particularmente, acrescentarei eu (mas não Ricœur), o acontecimento-Cristo não seria nada além do efeito de um regime do discurso entre outros. E, por isso, tudo que se poderá supor real será entregue aos caprichos da memória.

De fato, o caminho do meio de Ricœur visa obstinadamente manter os direitos da história contra a memória, sem precisar supor, nesse momento da investigação, um sujeito histórico. Donde uma espécie de positivismo da representação, que é certamente a parte mais arriscada de sua empreitada.

Que quer dizer, com efeito, que a história seja um conjunto de proposições? Que é preciso escrever "o fato de que isso ou aquilo aconteceu", e não diretamente "isso ou aquilo". É isso que autoriza que se discuta a verdade em história não como verdade de um fato, o que não quer dizer nada, mas como verdade de uma proposição.

Positivismo, no sentido em que tudo se coloca, no fim das contas, como uma questão de adequação entre a visada significante de uma proposição e um referente factual.

Mas pode uma proposição representar sem implicar na representação uma aderência subjetiva à proposição como tal? É realmente possível escapar de uma máxima que se pode extrair de Lacan, máxima que prescreveria que uma proposição não representa um conteúdo histórico *senão para um sujeito*?

É evidente o que está em jogo na enorme passagem sobre "a representação historiadora", entre as páginas 247 e 296, que mereceria por si só um exame técnico detalhado.

Cruzamos de novo com Lacan, pelo fato de que a capacidade da proposição de se manter "ali" onde aconteceu o fato histórico é batizada de uma "locotenência", fazendo eco à doutrina psicanalítica do "lugar tenente" da representação inconsciente. Podemos até mesmo constatar que Ricœur acaba jogando a toalha, na medida em que vem falar singelamente de um "enigma", que ele detalha como o enigma de uma "refiguração". Definitivamente, é do ser da história poder vir a ser representado nas proposições. O enigma é natural, deve ser orientado, diz-nos Ricœur, para o lado de uma ontologia do ser histórico: o ser histórico é esse ser ao qual pode ocorrer enigmaticamente de ser refigurado como tal nas proposições.

Haveria, parece-nos, outra via de suspensão do enigma que não essa virtude um tanto entorpecente do ópio histórico. Seria preciso supor que a proposição histórica não seja tal senão por poder figurar o fato *para um sujeito no presente*. Não haveria pois *uma* representação histórica, mas uma partilha originariamente distribuída de acordo com os tipos subjetivos imediatamente ativos. O que não quer dizer que não haveria nenhum real histórico, muito pelo contrário. Mas que esse real não seria revelado como representação senão em um campo em que todo tornar-se-representado (toda loco-tenência, se quisermos) se defronta com um múltiplo.

O que pode ser dito simplesmente: a história é bem representada em proposições. Mas a gênese e o destino dessas proposições estão subordinados à multiplicidade presente dos sujeitos *políticos*.

Ricœur não quer essa subordinação, porque quer conservar, em benefício de seus próprios fins, a existência unívoca de certas representações históricas. E também não quer a aderência subjetiva às representações como fenômeno constitutivo, pois deseja maquinar a entrada em cena do sujeito apenas quando a identidade desse sujeito for praticamente obrigatória.

3. É para fazer frente a isso que se coloca a terceira grande operação de seu dispositivo: o desligamento.

Ao passo que todo o esforço de Ricœur, nas operações de atribuição e de proposição, seja de salvaguardar uma espécie de objetividade fenomenológica do lado da memória e uma objetividade "narrativa" do lado da história, sem permitir que as duas possam se confundir, a operação de desligamento visa organizar o perdão – e o esquecimento – em um elemento subjetivo inteiramente novo. Tínhamos até agora predicados temporalizados dos quais a atribuição estava suspensa. Temos agora um registro inteiramente novo, do poder e da possibilidade. A identidade, suspensa até aqui, revela-se ser inencontrável do lado da substância (ou do suporte) e dos predicados que lhe são atribuídos. Toda identidade subjetiva é a relação de uma capacidade com seus possíveis.

Num certo sentido, não é o que sugeríamos ao dizer que memória e história não se deixam ativar senão na perspectiva de um sujeito no presente? Não seria preciso compreender que finalmente a própria história é uma representação suspensa às novas possibilidades que um sujeito inscreve no futuro do passado? Evidentemente, é no momento em que ele maquina, por desligamento, a entrada em cena de uma identidade subjetiva flexível e ativa que me sinto mais perto do autor. Sem, no entanto, poder unir-me a ele.

Desligamento e redenção: o sujeito cristão

O caminho seguido por Ricœur evita encarar a história do ponto de vista político, sendo seu objetivo o de confiar, se não o relato, ao menos o juízo, à moral. Digamos que seu ponto de partida é uma questão jurídica em sentido amplo: pode-se separar um ato criminoso e a identidade do culpado? Por exemplo, pode-se separar o extermínio dos judeus da Europa e o grupo nazista, ou o povo alemão ou mesmo um carrasco identificado? Vimos que se pode separar, de um lado, as atribuições do processo da memória e as proposições representativas da história e, de outro, todo sujeito pré-constituído. Mas quando se trata de culpabilidade, o sujeito é requerido, *precisamente na qualidade de sujeito do qual todo o ser é culpabilidade ou inocência*. Dito de outra maneira: a questão do sujeito, de sua identidade e da separabilidade dessa identidade não surge – na melhor lógica pós-kantiana – senão com o julgamento moral.

Mais precisamente: apenas uma *terceira* separação, depois da separação da memória e a da história, convoca *previamente* o motivo da identidade subjetiva: a separação entre a identidade de um sujeito e a qualificação moral ou jurídica de seu ato. Essa separação é a que opera no perdão e cuja operação é o desligamento.

Essas páginas, precisamente intituladas "Desligar o agente de seu ato" e que propõem "um ato de desligamento", contêm, em minha opinião, o sentido último do livro todo.

Não é indiferente que elas transitem por uma querela com Derrida. Querela bastante curta, mas incisiva e muito diferente das pacíficas discussões mantidas com os universitários norte-americanos acerca do relato histórico, ou mesmo da evocação bondosa quanto às posições de Jankélévitch sobre a questão do perdão concedido, ou inconcessível, aos alemães. É que ali encontramos, no tempo de um lampejo, o verdadeiro adversário, a outra virtualidade espiritual do campo democrático.

Com efeito, Jacques Derrida salientou, em um texto de 1999 intitulado *O século e o perdão*, em conformidade com sua ontologia da diferença, que se separarmos o culpado e seu ato, perdoamos outro sujeito e não aquele que cometeu o ato. Quer dizer que a operação do "desligamento", cara a Ricœur, acarreta aos olhos de Derrida, cito-o, que "não é mais o *culpado como tal* que perdoamos".

Ricœur responde, como podemos esperar, com uma doutrina dos possíveis de proveniência aristotélica. Há o ato, isso é certo, mas o ato não esgota o que o sujeito é em potência, ou aquilo de que é capaz. Ora a identidade do sujeito reside precisamente nessa capacidade. E é por isso que Ricœur finalmente rejeita a objeção de Derrida: o sujeito que perdoamos é, diz ele, "o mesmo, mas potencialmente outro, e não um outro".

De fato, é preciso se engajar em um desemparelhamento mais radical do que entre ato e potência. É preciso, na própria potência do agir, distinguir entre a capacidade e a efetuação. Aqui está o verdadeiro fundamento do desligamento:

> Essa dissociação íntima significa que a capacidade de engajamento do sujeito moral não é esgotada por suas inscrições diversas no curso do mundo. Essa dissociação exprime um ato de fé, um crédito dado aos recursos de regeneração do si (p. 498).

Vê-se a força do gesto, como se lê sua proveniência: há uma dissimetria fundamental entre a capacidade e o ato, entre as efetuações criminosas, abomináveis, e o crédito que pode ser dado às possibilidades de redenção subjetiva.

Sob o signo do perdão, o culpado seria considerado capaz de outra coisa além de seus delitos e erros. Ele seria devolvido à sua capacidade de agir, e a ação, à de continuar. É essa capacidade que seria saudada nos mínimos atos de consideração nos quais reconhecemos o *incognito* do perdão encenado na cena pública. Finalmente, é dessa capacidade restaurada que a promessa que projeta a ação para o futuro se apoderaria. A fórmula dessa palavra libertadora, abandonada à nudez de sua enunciação, seria: tu vales mais que teus atos (p. 501).

Como, com efeito, isso poderia ser diferente *para um cristão*? Se a economia moral de um sujeito não reside na potência do agir, e se não é essa potência como tal que é redimida pelo sacrifício de Deus, que vale esse imenso perdão concedido à humanidade genérica pelo Redentor?

Tudo remonta a isto: que *é mesmo preciso que o sujeito possa sempre ser salvo*, qualquer que tenha sido seu ato, para que valha eterna e universalmente a economia crística da salvação. "Aquele que nunca pecou jogue a primeira pedra". Mesmo quando se trata de Himmler ou de Eichmann? Sim, certamente. A lei dos homens deve seguir, claro, Ricœur afirma, reivindica: mas isso não tem praticamente nada a ver com o "verdadeiro" julgamento, o julgamento em seu nome exato de "julgamento final".

Mas por que Ricœur permanece mudo acerca da evidência de uma pré-formação cristã de um sujeito tal que, substancialmente separável da memória e da história, é identicamente exposto à possibilidade sem medida do perdão e do esquecimento? Minha principal crítica, no fundo, tem a ver com o que considero menos uma hipocrisia do que uma incivilidade e que é comum a tantos fenomenólogos cristãos: a absurda dissimulação da verdadeira fonte das construções conceituais e das polêmicas filosóficas. Como se fosse possível que uma escolha tão radical, sobretudo hoje em dia, que essa escolha de uma determinada religião pudesse, a qualquer momento, apagar sua aderência aos efeitos de discurso!

É ofender o próprio Cristo, teria pensado Pascal.

O que não nos dispensa de um exame mais formal do argumento.

Em um nível muito abstrato, pode-se, em todo caso, fazer notar que a pura potência de agir, em sua indeterminação, se não é a de um outro – como objeta Derrida –, tampouco é correlata à identidade do sujeito. Propriamente falando, ela não identifica nem o mesmo nem o outro. Ela é, se adotarmos o léxico hegeliano, a parte de não identidade da identidade. Se, pois, é para fazer valer essa parte do sujeito que se perdoa o ato, o mesmo que dizer que *não se perdoa a ninguém em particular*, o que significa dizer que todo perdão se dirige em cada um à humanidade genérica. O que é bem o caso da manobra crística, que acolhe uma pessoa qualquer apenas na medida em que seu gesto o redime de um pecado "original", então de um erro que, com efeito, sendo o que foi cometido por todos, não terá sido por ninguém. É preciso dizer que tal suposição excede os recursos da filosofia e passa o bastão, como Ricœur alude uma única vez (p. 498), ao "último paradoxo que as religiões do Livro propõem".

Por que não inverter a perspectiva e partir do ato como único ponto real da identidade subjetiva? Se, aqui, a aparelhagem aristotélica é de tal modo necessária, não é porque definitivamente a correlação da potência e do ato só é plenamente inteligível de acordo com uma pré-compreensão da finalidade dos sujeitos? Realmente, para Aristóteles e para todos os sucessores que Ricœur descobre – ou inventa para ele (Leibniz, Espinosa, Schelling, Bergson, Freud e o próprio Kant, cf. p. 499) –, a capacidade (ou potência) é ordenada a seu bem próprio e, no fim das contas, ordenada ao Bem. Se o ato o desvia dele, trata-se de um acidente, talvez mesmo gravíssimo, mas inessencial aos olhos da fonte sempre disponível da boa ação. Ora, esse ponto é decisivo para um cristão, pelo fato de que apenas ele permite que a economia da redenção seja também *filosoficamente* compreensível. Bastará renomear de "reorganização da potência à positividade essencial do ato" aquilo que, historicamente (e é aí que todos os temas se religam), foi para o crente o efeito da vinda efetiva do Salvador: o estabelecimento universal das almas na possibilidade da salvação.

No fundo, Ricœur deve cuidadosamente distinguir a história e a memória, porque o salvador *realmente* veio, que isso não poderia ser subtraído à faticidade histórica da qual o Novo Testamento e sua glosa erudita fornecem as proposições representativas. E que, do mesmo modo, não há de que se lembrar, porque ninguém se lembra. Igualmente, deve criticar a ideia de um "dever de memória", porque o sacrifício do Cristo tendo quebrado em duas a história do mundo é o exemplo de uma projeção pura que reabsorve o tempo numa redenção eterna e não nos impõe senão um dever de crença e de fidelidade, sempre no presente. De fato, do "dever de memória" há apenas e antes de tudo "deixar os mortos enterrarem os mortos". E, finalmente, Ricœur precisa ligar o motivo da identidade subjetiva à pura potência, às potencialidades, à capacidade, porque essa via e apenas ela permite a síntese aparente da mensagem evangélica (deixada à sombra, ainda que seja o motor) e de uma teoria filosófica da responsabilidade. *Fides quaerens intellectum*,[5] como sempre.

Se mesmo no livro, com seu desequilíbrio quase teatral de massas discursivas, tudo se passa como se a máxima fosse: *Intellectus quaerens fidem*.[6]

Nosso propósito é apenas ver mais claro. Quanto a nós, pensamos que existem apenas animais humanos para os quais nenhum sacrifício, a não ser aqueles que eles próprios fizeram para que algumas verdades existam, jamais redimiu a alma genérica. É possível a esses animais tornarem-se sujeitos, em circunstâncias sempre singulares. Mas é apenas seu ato, ou o modo como perseveram em suas consequências, que os qualifica como sujeitos. De modo que certamente é impossível dizer, como faz Ricœur: "tu vales mais que teus atos". É exatamente o contrário que se pode afirmar: "acontece, raramente, que teus atos valham mais do que ti".

É por isso que nenhum outro caminho conduz à identidade subjetiva senão o desconhecimento.

Como disse Lacan, tão bem comentado nesse ponto por François Regnault: "Deus é inconsciente".

---

[5] "A fé em busca do entendimento". (N.T.)

[6] "O entendimento em busca da fé". (N.T.)

Jean-Paul Sartre
Encantamento,
desencanto, fidelidade

Sartre foi quem, em 1954, revelou-me a filosofia, numa espécie de encantamento. Ao mesmo tempo, eu partilhava do vigor de seu engajamento anticolonial. Desde o fim dos anos 1950, quando a era do estruturalismo chegou, quando nos perguntávamos se a filosofia, aos olhos das nascentes ciências humanas, não tinha sido uma ilusão pura e simples, distanciei-me metodicamente dele: desencanto. Mas quando, numa construção filosófica nova, integrei o motivo do Sujeito à matematização do ser, quando soube manter simultaneamente o direito das ciências formais e o do poema, quando validei o esforço para desvincular uma política comunista da ganga stalinista, naquele momento eu o reencontrei e o conservei: fidelidade.

Quando rememoro minha fulminação filosófica durante o liceu, parece caber inteira em uma única fórmula de Sartre, matriz inesgotável de minha eloquência adolescente. Trata-se da definição da consciência: "A consciência é um ser para o qual a questão de seu ser está em seu ser, enquanto esse ser implica outro ser que não ele próprio". Não sem malícia, já foi observado: quantas menções ao ser para dizer o Nada do para-si! Mas o poder dessa fórmula está em outra parte. Ela opera a síntese da interioridade dialética, detida no princípio do ser como questão, e da exterioridade intencional, da projeção constituinte em direção ao Outro. Ela fixa uma dupla máxima, da qual devo dizer que ainda organiza o que penso:

– De um lado, o Eu ou a interioridade são desprovidos de todo interesse, por conseguinte odiáveis, caso não tragam um efeito de sentido cuja medida só pode ser o mundo inteiro, a totalidade do que é disposto quando o pensamento o apreende em sua disposição. Isto pode ser dito: a psicologia é o inimigo do pensamento.

– De outro lado, o mundo inteiro, tudo que é disposto não tem nenhum interesse se não for retomado e tratado na prescrição subjetiva de um projeto cuja extensão esteja à sua altura. O mundo deve, literalmente, ser posto em questão. Isto pode ser dito: o empirismo pragmático, o acomodamento, o "devemos cultivar nosso jardim" são igualmente inimigos do pensamento.

Que a interioridade seja o mundo inteiro como disposição, e que a exterioridade seja o mundo inteiro como imperativo, eis do que originariamente a filosofia, tal como Sartre, aos meus olhos, encarnava-a, convenceu-me definitivamente. Se o Eu é a medida das coisas, a filosofia não vale a pena nem por uma horinha. Ela só tem sentido por tudo que, do pensamento, excede nossas inelutáveis historinhas. A filosofia não é de maneira nenhuma destinada a que estejamos satisfeitos. Sempre e desde sempre, ela só concorda com a eternidade, da qual sabemos que é a eternidade do Verdadeiro, tal como no futuro anterior de uma aspereza temporal.

Graças a Sartre, e apenas a ele, essa convicção central me encantou originariamente. Na *ek-stase* temporalizante da consciência, li a obrigação laica da eternidade. No humanismo existencialista, li que o Homem só existe ao ultrapassar a humanidade.

Depois, fui constantemente fiel a esse primeiro encantamento. Hoje, quando parece restaurada a mais estreita prudência quanto aos fins da humanidade, quando uma grande suspeição pesa sobre toda proposição um pouco universal, não posso desistir: o Homem, tanto quanto essa palavra conserve um sentido que não seja abjeto, é esse ser que, em relação ao mundo *tal como ele é*, sustenta em seu ser apenas projetos ou procedimentos em que sua identidade aparece necessariamente como inumana.

Hoje, chamo de verdade, ou de procedimento genérico, essa inumanidade essencial em que o homem é convocado como aquilo através de que advém, nas situações, outra coisa além de seu ser.

Não que o homem, como pensava Nietzsche, seja aquilo que deve ser superado. O que deve ser superado – é uma intuição decisiva de Sartre — é o ser, tal como ele é como ser. O homem é esse acaso sem relação à humanidade, esse acaso inumano, que se divide como sujeito no devir genérico infinito de uma verdade.

Mas se permanece a convicção, que faz do sujeito aquilo que do ser se desprende para que do ser haja verdade, a maneira como essa convicção se articula precisou, do mesmo modo, renunciar, peça por peça, à fórmula de Sartre. Posso, então, dizer que meu trajeto de pensamento se deixa perceber como a combinação paradoxal de uma fidelidade de algum modo *enérgica* à expedição sartriana e do despedaçamento formal do esquema dialético que sustenta essa expedição.

É necessário precisar que, desde o início, no tocante à supremacia filosófica do esquema sartriano, subsistiam, como em uma estética disjunta, favores e usos do pensamento inteiramente heterogêneos.

Havia as matemáticas, de que é pouco dizer que deixavam Sartre frio, a despeito do subtítulo da *Crítica da razão dialética — Teoria dos conjuntos práticos —,* que nunca pude ler sem pensar que a modernidade fundadora de Cantor tinha sido reconhecida. As matemáticas que, aos meus olhos, tinham necessariamente alguma relação com a questão do ser (embora eu ignorasse qual), ou com o ser em questão, relação que a doutrina sartriana da consciência não esclarecia.

Simetricamente às matemáticas, havia os poetas e, singularmente, Mallarmé. Cruzamento suplementar com a preocupação sartriana, pois a figura de Mallarmé literalmente o assombrava? Sem dúvida, com a diferença de que a meus olhos Sartre subestimava a capacidade *afirmativa* do pensamento do poeta, em proveito de uma exegese histórico-subjetiva de suas maquinações nadificantes. Não foi o pretenso fracasso do Livro que solicitava minha paixão, tampouco (tese de Sartre) que esse Livro tivesse sido não mais do que uma mistificação patética. Eu me interessava ainda menos pelas tentações do desespero suicida. Eu via nas prosas e nos poemas o mais radical esforço jamais conduzido para *pensar o pensamento*, esforço que manifesta o surgimento realizado da Constelação, do Cisne ou da rosa nas trevas.

Havia finalmente Platão, a quem eu retornava sem cessar com um remorso surdo, tanto a idealidade "objetiva", quanto o primado da essência sobre a existência aparentemente contradiziam de modo absoluto o corpo da doutrina sartriana. Era como se a filosofia, ao lado de suas máximas modernas mais eficazes — e, para mim, Sartre era de tal modo insubstituível que durante muito tempo fui acusado de produzir não mais do que pastiches –, detivesse uma virtuosidade intrínseca totalmente desvinculada de qualquer interiorização, de qualquer *páthos* da consciência.

Assim, numa espécie de coexistência anárquica – análoga talvez àquela que em Sartre fez coexistir o piano e Chopin silencioso, sem conceito, com *todo o resto* –, eu habitava literalmente a filosofia sartriana da consciência e da liberdade, embora reservasse o domínio do poema como afirmação e do matema como Ideia.

No fundo, nisso que hoje chamo de quatro procedimentos genéricos (a política, a ciência, a arte e o amor), havia apenas a política, a política do engajamento contra as guerras coloniais, que, conduzida naquela época segundo meros princípios de opinião, pareciam-me deixar-se subsumir pelo conceito sartriano de liberdade. Do mesmo modo, nesses combates havia, aos meus olhos, uma espécie de vínculo *direto* entre a filosofia de Sartre e a prática de intelectual engajado.

É porque, sem dúvida, foi preciso, em última instância, a ruptura inaugurada por Maio de 68 e os anos que se seguiram, isto é, a entrada na política militante "de terreno", processo autônomo que incluía a determinação imanente de seus conceitos, para que eu pudesse abandonar, não sem desvios e arrependimentos, o esquema dialético da interiorização. Posso muito bem dizer sem paradoxo que foi por ter praticado e por praticar ainda o pensamento em seu desvio até a fábrica, por participar da elaboração de uma visão renovada da política de emancipação, por sustentar firmemente a ideia de que em política, quaisquer que sejam os tumultos sangrentos e o aparente triunfo consensual do Capital, o significante "operário" ainda não tenha dito sua última palavra, que foi tudo isso que me distanciou progressivamente dos prestígios da dialética.

Todavia, esse distanciamento não foi acompanhado de nenhuma depreciação de Sartre como pensamento atuante. Naqueles dez anos atormentados, ele foi o companheiro refletido e curioso de uma geração que não era a dele (nem exatamente a minha, para dizer a verdade). É preciso saudar, especialmente hoje, ao contrário do tema desperdiçado dos "erros de Sartre", o rigor de que ele deu prova para se manter constantemente no vivo da situação. Que progressivamente tenha havido distância, na ordem da prescrição política assim como na ordem do aparelhamento de pensamento, isso nada objeta a essa comunidade histórica essencial.

O que eu diria hoje, se tomar em consideração a fórmula, quase mágica, que dá fôlego a meu pensamento há quase 30 anos? Vamos dizê-la de novo: "A consciência é um ser para o qual a questão de seu ser está em seu ser, na medida em que esse ser implica outro ser que não ele próprio".

A palavra "consciência", primeiramente. Não sustentarei mais sua pertinência filosófica. Parece-me que "consciência", que designa um conceito cuja história filosófica é seguramente gloriosa, não é mais utilizável como categoria *da política*, a "consciência política", ou, talvez, como categoria da psicanálise. Sem dúvida, nada senão o destino da palavra "consciência" marca melhor a distância que afirmo, hoje em dia, entre a política – forma *sui generis* de pensamento-prático – e a filosofia. "Consciência" que no fundo é, desde Lênin, um conceito demasiado técnico da política moderna. Não posso mais acreditar – e fico tentado a dizer: que pena! – na feliz transitividade entre filosofia e política da qual Sartre havia fornecido o paradigma e da qual o tema filosófico da consciência (ou da práxis) era o pivô.

Por outro lado, não penso que possamos ceder quanto ao desdobramento intrafilosófico do conceito de sujeito, visto que ele é disjunto ou descentrado de sua suposição consciente ou transcendental, sob o efeito decisivo das invenções de Freud e de Lacan. O sujeito não é, pois, o movimento reflexivo ou pré-reflexivo de autoposição de si; ele é exclusivamente esse ponto diferencial que sustenta, ou suporta, o devir-genérico de uma verdade. Chamo de sujeito um ponto de verdade, ou um ponto em que transita uma verdade, apreendida em seu acaso. É o velho Mallarmé, aquele que se define por ter de sustentar uma "conjunção suprema com a probabilidade".

Penso agora que o sujeito-consciência de Sartre era um último e brilhante avatar do sujeito *romântico*, do jovem entregue a um mundo cuja inércia consome pouco a pouco, exceto por alguns relâmpagos, a liberdade infinita do desejo e a universalidade do projeto. Diria de bom grado que esse re-desdobramento ainda inacabado do conceito de sujeito tem como índice a substituição do jovem pelo velho, como vemos depois de Mallarmé na obra de Beckett, em que se enuncia que nenhum sujeito é verdadeiramente jovem, porque não há sujeito senão a partir do ponto em que se verifica que ele é tão velho quanto pelo menos uma verdade.

É também, no que diz respeito à época dos engajamentos sartrianos, um dos aspectos da mutação do pensamento político, ou, mais ainda, da política como pensamento: o tema revolucionário ia de par em par com o tema da juventude do mundo, da rejeição do "velho mundo". Mas a juventude é muito jovem para a verdade que ela inaugura no acontecimento. Daí resulta sua comum barbárie. Simetricamente, o que há de mais horrível no mundo do Capital, que é o nosso, é sua perpétua e monótona juventude artificial. Toda política radical restaurará, na medida infinita do genérico, o tempo de envelhecer que as verdades necessitam, o tempo, diz Beckett em *Watt*, "posto pelo verdadeiro para ter sido verdadeiro".

Mas continuemos com a fórmula de Sartre: "a consciência é um ser...".

Durante muito tempo, eu não queria nem saber do ser, porque me deliciava, com Sartre, apenas das funções doadoras de sentido do Nada. O ser era a espessura penosa da raiz do castanheiro, a massividade, o a-mais, o prático-inerte. O que me tirou de lá – o que me acordou de meu sono sartriano? – foi uma meditação interminável sobre a teoria dos conjuntos, e mais especialmente sobre suas duas extremidades existenciais, que são o axioma do conjunto vazio e o axioma do infinito. A decisão de sustentar o corpo historial da matemática para aquilo que foi possível dizer do ser como ser, para a ontologia em sentido estrito, resume a renúncia às metáforas bloqueadas do ser massivo e finalmente impensável ("sem razão de ser", diz Sartre, e "sem nenhuma relação com nenhum outro ser"). Ao confiar o ser aos cuidados do múltiplo puro, tal como o matema se apodera dele, dispomo-lo, ao contrário, ao pensamento mais sutil e mais ramificado, ao mesmo tempo que o subtraímos a toda experiência. O ser que a matemática pensa não é nem contingente (como Sartre declara) nem necessário (como dizem os clássicos). Ele se expõe infinitamente ao pensamento e se subtrai da mesma maneira. Isso porque a matemática é ao mesmo tempo imensa e inacabável, procedendo por decisões axiomáticas (*como se* fosse contingente) e por demonstrações coercivas (*como se* fosse necessária).

Ao mostrar que o duplo apoio original do pensamento do ser é o vazio, sutura de toda consistência à inconsistência, depois o infinito, pelo que se laiciza e se dessacraliza a ideia (de outro modo genial e romântica) de limite, em proveito da enumeração lacunar, realiza-se verdadeiramente, sem dramaturgia existencial, o propósito – tão exemplarmente sartriano pela tensão de pensamento que induz — da morte de Deus.

Em seguida: "um ser para o qual seu ser está em questão em seu ser".

O sujeito, tal como o concebo hoje em dia, sujeito urdido ou tramado no estofo de uma verdade, não tem nenhum interior, nem mesmo transparente, nenhum interior-exterior, onde pudesse ser gerada uma questão (de) si. Ele é inquestionável, porque é aquilo pelo que uma resposta procede, a resposta acontecimental quanto ao ser de uma situação.

O vocabulário da questão e do questionamento marca sem dúvida a maneira, tão original, como Sartre se referia ao pensamento alemão, e especialmente a Heidegger. Devo dizer que, precisamente nessa versão sartriana, desviada da preocupação do ser em direção à antropologia da liberdade, esse vocabulário do ser como questão anuladora de si exerceu em meu pensamento uma sedução tenaz. Essa sedução tornou-se, com o tempo, inoperante. A questão da questão é, parece-me, o gozo do pensamento. Mas a única resposta é sua ação. A resposta é frequentemente decepcionante, lamentamos o charme inesgotável da questão. Porque a questão substitui a alegria pelo gozo. O pensamento só pensa no des-gozar de si, que igualmente é a maneira como frustra a questão. O que Sartre também dizia afinal de contas: sempre ter pensado "contra si próprio", segundo ele próprio confessou.

Se Deus está morto (e Sartre me persuadiu disso mais do que Nietzsche, ocupado demais em se desembaraçar do Nazareno), isso significa não que tudo é possível, menos ainda que nada é possível. Isso significa exatamente que não há nada melhor, nada maior, nada mais verdadeiro do que as respostas de que somos capazes. A ética da resposta completa a ética dos fins inumanos através de que o homem se torna digno do Homem. Ela significa que há verdades, e consequentemente que nada é sagrado, a não ser precisamente o fato de que *há* [verdades].

"Enquanto esse ser implica outro ser que não ele próprio", dizia Sartre, lendo Husserl à sua maneira.

O que funda minha reticência acerca do tema intencional é a manutenção que ele exige da categoria de objeto, como correlato da visada consciente, e mais geralmente da dialética sujeito/objeto, cujo motivo sartriano do em-si e do para-si é uma *projeção* genial. Defendo uma doutrina do sujeito *sem objeto*, do sujeito como ponto evanescente de um procedimento que se origina em um suplemento acontecimental sem motivo. Aos meus olhos, não há um ser-outro do sujeito, a não ser a situação de que uma verdade é verdade. Sem dúvida, paguei minha dívida retomando de Sartre o tema da "situação", que ele variou com uma virtuosidade desconcertante. Mas para mim, como também para Sartre, ainda que num viés bem diferente, esse Outro aparente do sujeito é o Mesmo, porque a verdade realiza de maneira imanente o ser-genérico, o qualquer, o indiscernível da própria situação.

O verdadeiro não se diz a propósito do objeto, só dele próprio. Também o sujeito não se diz a propósito do objeto nem da intenção a que ele visa; só se diz da verdade, tal como existente em um ponto evanescente de si mesma.

Todavia tudo isso é tão decisivo quanto creio? O que me liga a Sartre, para além das elaborações técnicas do pensamento, é um motivo "existencial" determinante, que é que na filosofia não se trata da vida ou da felicidade. Mas tampouco da morte ou da infelicidade. Viveremos ou morreremos de toda maneira, haja o que houver, e quanto a ser feliz ou infeliz, é com isso que constantemente não devemos nos preocupar, nem pelos outros nem por nós mesmos.

Trata-se de lançar os dados, ao menos uma vez, se possível. O velhaco Mallarmé não se resolve quanto a isso facilmente, é verdade. Ele "hesita cadáver pelo braço apartado do segredo que guarda de jogar maníaco encanecido a partida em nome das ondas".[1]

O que chamamos ordinariamente de a vida, ou do mesmo modo a cultura, o lazer, as eleições, o trabalho, a felicidade, o equilíbrio, o desabrochar, a performance, a economia, é exatamente isto: hesitar em jogar a partida em nome das ondas. E então – é precisamente por isso que o significante "vida" é engajado – viver *para sempre* como "o cadáver pelo braço apartado do segredo que guarda". A vida, a que nos propõem, e da qual Sartre dizia que ela não se elevava acima da vida das formigas, resolve-se na disjunção de um cadáver e de um segredo. Todo homem é detentor de um passe possível para ao menos uma verdade. Esse é seu segredo, do qual a vida comum sob a lei do Capital faz a outra extremidade de um cadáver.

Porque se "todo pensamento emite um lance de dados", é preciso admitir que ali onde não há lance de dados também não há pensamento.

---

[1] Mallarmé. *Um lance de dados*. Tradução de Haroldo de Campos. São Paulo: Perspectiva, 1977. (N.T.)

Essa exigência incondicional da aposta, Sartre, mais do que Pascal, na medida em que pelo menos economiza Deus, decidiu para mim o conceito.

O segredo, Sartre o dizia sob a forma "todo homem vale qualquer outro", e eu diria: todos os homens podem pensar, todos os homens são aleatoriamente convocados a existir como sujeitos. E se todos os homens podem pensar, a diretiva é clara: lançar os dados, jogar a partida em nome das ondas, e depois ser fiel a esse lançar, o que não é tão difícil, porque uma vez lançados os dados retornam como Constelação, "fria de esquecimento e desuso", mas por que a filosofia deveria prometer que a verdade nos mantenha quentes, que ela seja convivial e afetuosa? É porque dispensa uma tal promessa que o pensamento de Sartre conserva seu gume, sem recair no niilismo. Convivial ou afetuosa a verdade não é; pois sua potência só vai até ser ou não ser.

A diretiva é que, no que concerne à situação, qualquer que seja ela, uma verdade, ou verdades, esteja(m) na suspensão de seu ser. Diremos também: sejamos, sem hesitar muito, maníacos encanecidos, maníacos do genérico. Descobre-se então, coisa estranha, a verdade deste outro enunciado velhaco, aquele que rasteja na lama e no escuro com sua bolsa, em *Comment c'est* de Beckett: "Em todo caso, estamos na justiça, nunca quis dizer o contrário".

Pode-se, com efeito, chamar de "justiça" que haja verdades, o "há" das verdades pensado em seu puro "há". Justiça é, então, outro nome para os fins inumanos do homem.

Não creio que sobre esse ponto, e ainda que por mediações no fim das contas muito distantes disso que trago aqui, Sartre tenha jamais cedido.

O homem é o que faz justiça do homem, porque, se algum acontecimento lhe convoca, há nele bastante segredo para largar seu cadáver e rastejar com sua bolsa no escuro da verdade.

Dessa escuridão, que ele sabia escuridão – e independentemente do que dissermos isso permanecerá –, Sartre foi, há quase meio século, um de nossos raros *iluminadores*.[2]

---

[2] Em francês, "*éclaireur*" é o soldado batedor, aquele que abre caminho, que vai na frente, que abre clareiras. Também em português, "luz" tem o sentido de iluminação, mas também de abertura ou espaço vazio (luz de um canal, de um orifício, por exemplo). Badiou conjuga o sentido militar, do combatente, com o sentido filosófico daquele que esclarece, que ilumina, metáfora fundamental do filósofo a*ufklärer*. (N.T.)

Louis Althusser

O (re)começo do materialismo histórico[1]

---

[1] Acerca de *Pour Marx*. Paris: Maspero, 1965, 264 p.; *Lire le Capital*. Paris: Maspero, 1965, t. I, 264 p.; *Lire le Capital*. Paris: Maspero, 1965, t. II, 408 p.; "Matérialisme historique et matérialisme dialectique". *Cahiers Marxistes Léninistes*, n. 11, avril 1966. Essas obras serão designadas do seguinte modo: *PM*, *LC* I e *LC* II, *MH-MD*.

Sem dúvida, de todos os contemporâneos, Althusser foi aquele com quem mantive relações as mais complexas, talvez as mais violentas. Nunca fiz parte do primeiro círculo de discípulos, mas nunca fui indiferente às suas invenções e tentativas. Este artigo – uma encomenda da revista Critique, *em 1967 – já é testemunha tanto de um vivo interesse quanto de uma espécie de suspeição. Maio de 1968 e o maoísmo me separaram brutalmente dele, como costuma acontecer com as querelas políticas, sobretudo entre próximos. Mais tarde, como fiz a respeito de Sartre, de quem ele era de certa maneira o oposto (os direitos da ciência contra a metafísica da liberdade), tentei fazer justiça quanto ao que eu devia a ele, para além do que nos havia separado para sempre.*

A obra de Althusser combina-se à nossa conjuntura política, ao assegurar sua inteligibilidade através da indicação que faz de sua própria urgência. O que há de inquietante, de essencialmente *desviante* nos propósitos dos partidos comunistas "ocidentais", e em primeiro lugar no PC da URSS, deixa-se definir segundo a eficácia permanente de um silêncio teórico: aquilo de que não se fala, a não ser para dar forma ao não dizer na tagarelice das condenações – esquematicamente: o stalinismo e a China –, estrutura integralmente aquilo de que se fala; porque é preciso recobrir as lacunas e deformar a cadeia inteira a fim de que os significantes do recobrimento possam *ter lugar* nela. Não sem estragos, o rigor do discurso marxista estando articulado com os partidos desmantelados e levando uma vida clandestina por baixo das paradas nominais da Revisão. Para melhor se calar, as oficinas ideológicas institucionais são assim gradualmente obrigadas a abandonar a teoria para *recolher* nas presunções portáteis da hora, ou mesmo nos regatos infectos do ecumenismo pós-conciliar, aquilo que aparece com o nome de marxismo.

Todas essas mercadorias avariadas resultam de um efeito geral de que Marx começou a análise a propósito da passagem da economia clássica (Smith-Ricardo) à economia vulgar (Bastiat-Say, etc.): o efeito de *re-inscrição* no espaço ideológico dos conceitos da ciência, previamente transformados em noções homônimas. Sabemos que essa operação invoca a herança filosófica para proceder à sua deformação específica de três maneiras diferentes:

a) *A montante* da ciência, ela pretende fundar os conceitos em um gesto inaugural e resolver a complexidade articulada do discurso teórico numa transparência instauradora.

b) *A jusante*, ela utiliza o pseudoconceito de resultado[2] para reabsorver os conceitos na extrapolação sistemática de um Todo em que vêm figurar os pretensos "resultados", figurantes medíocres, com efeito, desse antigo teatro de sombras, de que um deus, reconhecido-desconhecido sob os farrapos do filosofema humanista, ou naturalista, manipula os movimentos.

c) *Lateralmente*, ou por cima, ela inventa um código com que traduzir, exportar, desdobrar a coerência científica numa região empírica assim simplesmente formatada *mise en forme*, mas declarada arbitrariamente *conhecida*.

Donde três espécies de "marxismo": o fundamental, o totalitário e o analógico.

---

[2] O pseudoconceito de resultado pretende descrever a ciência como conjunto de "verdades", disjuntas, de direito, do processo de sua produção. É em nome precisamente dessa disjunção que Hegel pronuncia a condenação do conhecimento matemático: "o movimento da demonstração matemática não pertence ao conteúdo do objeto, mas é uma operação exterior à coisa" (*Phénoménologie de l'esprit*, tradução de Hyppolite, I, 36). Resulta que, para Hegel, a ciência "rebaixa o que se move por si mesmo a uma matéria para conseguir obter um conteúdo indiferente, exterior e sem vitalidade" (p. 40). Toda polêmica contemporânea contra a frieza, a exterioridade, o fechamento do saber científico; todo o esforço que vai opor a inércia-totalizada dos objetos científicos ao movimento-totalizador do pensamento científico reenvia finalmente a essa figura da Morte em que Hegel retém o resultado sem memória da ciência.

O *marxismo fundamental*, quase exclusivamente consagrado à exegese interminável dos *Manuscritos de 1844*, mostra-se indiferente à construção científica de Marx, à determinação singular de seus objetos-de-conhecimento, e propõe uma antropologia geral sobre a noção multívoca de trabalho. A História, lugar do exílio e da cisão, é tomada como Parousía adiada da transparência, como *atraso* essencial onde se inventa o Homem total. As noções covariantes a partir das quais uma leitura exaustiva da experiência é declarada possível são a práxis e a alienação,[3] cuja combinação "dialética" reitera inconscientemente a velha canção de ninar do bem e do mal.

O *marxismo totalitário* exalta a cientificidade. Mas o conceito da ciência ao qual se refere é a aplicação esquemática, a uma totalidade histórico-natural tomada empiricamente, de pretensas "leis dialéticas", de que a famosa transformação da quantidade em qualidade não é a menos incômoda. Para o marxismo totalitário, Marx entra inteirinho no frágil sistema das extrapolações de Engels. Ao jovem Marx do marxismo fundamental ele opõe o Marx póstumo e vicariante das dialéticas "naturais".[4]

O *marxismo analógico* parece à primeira vista centrar melhor sua leitura: ele tem o cuidado das configurações, dos níveis da prática social. Ele vincula-se de bom grado ao *Capital* como obra essencial e às categorias econômicas como paradigmas fundadores. Não é difícil, entretanto, constatar que ele utiliza conceitos marxistas de tal modo que *desfaz* sua organização. Com efeito, ele concebe a relação entre as estruturas de base e as "superestruturas", sem dúvida não sobre o modelo de causalidade linear (marxismo totalitário) nem sobre o de mediação expressiva (marxismo fundamental),[5] mas como pura isomorfia: o conhecimento é definido aqui pelo sistema de funções que permitem *reconhecer* em um nível a *mesma* organização formal que em outro, e experimentar assim a invariância de certas figuras que são menos estruturas do que combinações "planas" entre elementos distintos.

---

[3] Cf. a crítica desse falso conceito no artigo de É. Balibar, "Les Idéologies pseudo-marxistes de l'aliénation". *Clarté*, jan. 1965.

[4] É o milagre de ver com que velocidade Garaudy passou do totalitário ao fundamental, da liberdade segundo Stalin à liberdade segundo João XXIII.

[5] Althusser distingue três conceitos de causalidade: cartesiano, leibniziano e espinosano (*LC* II, p. 167-171).

O marxismo analógico é um marxismo da identidade. Sob a forma mais grosseira, ele se une, aliás, ao marxismo totalitário, de quem tem a rigidez mecânica, e ao marxismo fundamental, de quem restaura, sob a insígnia da unidade principial das figuras, a transparência espiritual. Sob sua forma mais refinada, não evita substituir à constituição problemática de um objeto-de-conhecimento a *transferência* indefinida de questões pré-dadas, submetidas à recorrência dos níveis mais ou menos isomorfos da totalidade social. Ali onde deveria se apresentar, na ordem do discurso, a questão-chave da causalidade estrutural, quer dizer, a eficácia *específica* de uma estrutura sobre seus elementos, deve-se contentar com um sistema hierárquico de semelhanças e dessemelhanças. Resulta disso uma adulteração retro-ativa dos elementos teóricos reais incorporados na construção, pois, ao ocupar o lugar que a *descrição* das correspondências lhes concede, esses elementos se transformam em *resultados* disjuntos e, a partir daí, funcionam por sua vez como simples índices descritivos.

A importância primeira da obra de Althusser é de reconstruir sob nossos olhos o *lugar comum* disso que doravante, seguindo o exemplo de Marx, chamaremos de variantes do marxismo vulgar. Ainda aqui, é a descoberta daquilo que essas variantes não dizem, é a sistemática das falhas que constitui, para além de seu aparente antagonismo, o segredo de sua unidade.

O efeito próprio do marxismo vulgar é o *apagamento de uma diferença*, apagamento operado no leque completo de suas instâncias.

A forma aparente dessa diferença suprimida, sua *forma de apresentação* na história empírica, é a antiga questão das "relações" entre Marx e Hegel. As variantes do marxismo vulgar têm em comum o fato de que *produzem a questão dessa relação* em função das variantes de uma resposta *única*, em que se afirma em todo caso sua importância *essencial*. Os conceitos de "inversão", de oposição, de realização, etc. preenchem sucessivamente os lugares possíveis designados originariamente pela essencialidade da relação. E, como quer a sempre disponível dialética dos marxismos vulgares, toda negação aparente da continuidade Hegel-Marx produz a forma refletida de sua afirmação.

Os primeiros textos de Althusser são consagrados sobretudo a desenterrar a diferença sepultada. Restaurar a diferença é mostrar que o problema das "relações" entre o empreendimento teórico de Marx e a ideologia hegeliana ou pós-hegeliana é rigorosamente insolúvel, quer dizer, *informulável*. Informulável precisamente porque sua formulação *é* o gesto que recobre a diferença, diferença que não é nem uma inversão, nem um conflito, nem um empréstimo de método, etc., mas um *corte* epistemológico, quer dizer, a construção regrada de um novo objeto científico cujas conotações problemáticas não têm nada a ver com a ideologia hegeliana. Muito literalmente, a partir dos anos 1850, Marx se mantém *em outro lugar*, lá onde os quase-objetos da filosofia hegeliana e suas formas de ligação – a "dialética" – não podem ser nem invertidas nem criticadas, pela simples razão de que não os *encontramos* mais, de que eles são inencontráveis, a ponto de que não poderíamos nem mesmo proceder à sua expulsão, pois o espaço da ciência se constitui de sua *falta* radical.[6] E sem dúvida o corte produz retrospectivamente o outro específico da ciência, isso de que a epistemologia pode nos ensinar que ela se separa. Na *descoberta* da ciência, pode-se tentar reconhecer a "borda" do corte,[7] o lugar ideológico onde se indica, sob a forma de uma resposta sem questão, a mudança necessária de terreno. Simplesmente, em páginas notáveis (*LC* I, p. 17-31), Althusser determinou claramente o *outro* ideológico de Marx, que não é a especulação hegeliana: é a economia clássica de Smith e Ricardo.

Não há acaso nisso: uma obra de juventude constantemente mencionada pelo marxismo fundamental intitula-se: *Crítica da filosofia do Estado de Hegel*; obra científica, *O capital*, tem como subtítulo: *Crítica da economia política*. Produzindo os conceitos de uma disciplina inteiramente nova (a ciência da história), Marx não apenas abandonou o espaço da ideologia hegeliana, mas, sobretudo, se podemos dizer assim,

---

[6] Assim, o conceito aristotélico de "natureza", cuja falta – a impossibilidade de construí-lo – determina a física pós-galileana. Rigorosamente, *não há* relação, ainda que negativa, ainda que invertida, ainda que crítica, entre a nova "física" e aquilo que tem esse nome na filosofia de Aristóteles; porque do objeto de Aristóteles a física positiva não poderia nem mesmo afirmar que ele não existe. Desse objeto ela não tem *nada a dizer*. É esse "nada" que Bachelard chama de corte epistemológico.

[7] Essa marca constituía a *genealogia* de uma ciência. Os trabalhos de Koyré ou de Canguilhem são genealógicos. O que distingue Althusser do espantoso empreendimento em que Foucault engajou-se – engajamento cuja obra-prima, *Naissance de la clinique* (Paris: PUF, 1963), manifesta a importância excepcional – é a convicção teórica de que, se uma *genealogia da ciência* e uma *arqueologia da não ciência* são possíveis, por outro lado não poderá haver *arqueologia da ciência*. A ciência é precisamente *a* prática sem outra subestrutura sistemática a não ser ela mesma, sem "solo" fundamental, e isso na medida exata em que todo solo constituinte é o inconsciente teórico da *ideologia*.

mudou de outro: o outro lugar onde ele se mantém não é o outro lugar de uma pátria hegeliana. Assim ele aparece, relativamente às ideologias pós-hegelianas, no *fato* radical de seu ser-outro.

A mera consideração teórica desse fato: Marx fundou uma nova ciência, indica-nos a diferença conceitual de que qualquer dissimulação do corte histórico opera, por um efeito derivado, a supressão. Essa diferença essencial, *interior* dessa vez ao projeto teórico de Marx, e de que a diferença Hegel/Marx é a evidência histórico-empírica, é a diferença da ciência marxista (o materialismo histórico) e a *disciplina no interior da qual é possível por direito enunciar a cientificidade dessa ciência*. Essa segunda disciplina, Althusser, conformando-se a uma tradição talvez discutível, a chama de *Materialismo Dialético*, e a "segunda geração" de seus textos é centrada na distinção entre materialismo histórico e materialismo dialético: distinção capital, ainda que na *estratégia* teórica, que Althusser nunca perde de vista. As variantes do marxismo vulgar se especificam com efeito segundo os diferentes procedimentos de apagamento dessa diferença:

– O marxismo fundamental faz entrar o materialismo dialético no materialismo histórico. Ele toma, com efeito, a obra de Marx como uma antropologia dialética em que a historicidade é uma categoria fundante, e não um conceito construído. *Desfazendo* assim o conceito de história, ele o alarga em dimensões nocionais de um meio totalizante em que a *reflexão* das estruturas, sua "interiorização", é uma função mediadora das próprias estruturas.

– Inversamente, o marxismo totalitário faz entrar o materialismo histórico no materialismo dialético. Ele trata com efeito a contradição como uma lei abstrata válida para qualquer objeto e considera *as* contradições estruturais de um modo de produção determinado como casos particulares subsumidos sob a universalidade da lei. Nessas condições, os procedimentos de constituição do objeto específico do materialismo histórico são suprimidos, e os "resultados de Marx, incorporados a uma síntese global que não poderia transgredir a regra que consagra ao imaginário toda assunção da Totalidade". Estranha metempsicose, de onde Marx sai travestido com a batina "cósmica" do Padre Teilhard.

– O marxismo analógico, enfim, estabelece entre o materialismo histórico e o materialismo dialético uma relação de correspondência que justapõe os dois termos, a filosofia marxista sendo a cada instante o *duplo* estrutural de um dado estado da formação social, e muito particularmente da forma objetiva da relação de classes.

A determinação de um dos termos pelo outro ou a pura redundância, tais são os três procedimentos gerais de purificação da diferença. Mas, como Derrida sublinha fortemente, uma diferença purificada é apenas o desfazimento de uma identidade. Toda diferença autêntica é *impura*[8]: a preservação dos conceitos de materialismo histórico e de materialismo dialético, a teoria da impureza primitiva e da complexidade de sua diferença, da distorção que induz o espaçamento dos termos, tudo isso opera *ao mesmo tempo* a classificação sistemática das variantes do marxismo vulgar. Isso não é pouca coisa.

Mas, por outro lado, a diferença do materialismo histórico e do materialismo dialético – daqui por diante notaremos MH e MD – assinala a extensão da revolução teórica marxista: à fundação da ciência da história essa revolução acrescenta, fato único no devir do saber, a fundação de uma *filosofia* absolutamente nova, de uma filosofia "que fez passar a filosofia do estado de *ideologia* ao estado de disciplina *científica*" (*MH-MD*, p. 113), de tal modo que a obra de Marx se apresenta como uma dupla fundação em apenas um corte – ou melhor: um duplo corte em uma só fundação.

Distinguir claramente o MH e o MD, a ciência (da história) e a ciência da cientificidade das ciências, é pois *tomar a medida* de Marx e consequentemente assinalar seu justo lugar, sua dupla função – científica e científico-filosófica – na conjuntura intelectual complexa em que se desfaz, sob nossos olhos, a ideologia dominante do pós-guerra: o idealismo fenomenológico.

Restituído assim a seu contexto estratégico, a obra de Althusser pode ser percorrida na ordem de *suas* razões. Não se trata aqui de relatá-la nem de confrontá-la seja às teorias existentes, seja a um conceito indiferenciado de real, mas sobretudo de dobrá-la sobre si mesma, de fazê-la jogar, como teoria, segundo os conceitos metateóricos que ela

---

[8] Derrida, J. Le Théâtre de la cruauté et la clôture de représentation. *Critique*, n. 230, jul. 1966, p. 617, nota 13. Podemos pensar "ao mesmo tempo" a leitura de Marx por Althusser, a de Freud por Lacan e a de Nietzsche-Heidegger por Derrida? Intitulada, em nossa conjuntura, da mais profunda questão. Ao tomar esses três discursos em sua atualidade integral, a resposta é, em minha opinião, inevitavelmente negativa. Ainda melhor: aproximar-se indefinidamente disso que os mantêm *distantes* uns dos outros é a condição do progresso de cada um deles. Infelizmente, num mundo instantâneo em que os conceitos se comercializam, o ecletismo é a regra.

produz, de examinar se ela obedece às regras que sua própria operação coloca em relevo como lei de construção de seus objetos. E, caso surjam lacunas, *intervalos* entre o que o texto produz como sua própria norma e a produção textual dessas normas, buscaremos menos contestar o projeto do que "suturar"[9] tais lacunas, introduzir *no* texto os problemas indicados pela ausência. É em um autorrecobrimento desses brancos que nós engajamos, sem nos desprender, o discurso da teoria marxista. "O racionalismo é uma filosofia que não tem começo: o racionalismo é da ordem do recomeço. Quando nós o definimos em uma de suas operações, ele já recomeçou há muito tempo" (Bachelard, *Le Rationalisme Appliqué*, p. 123).

Poderíamos ficar tentados a proceder segundo a diferença inaugural que desdobra a revolução marxista e distribuir os problemas em dois registros: a contribuição de Althusser[10] ao materialismo histórico por um lado; por outro lado, ao materialismo dialético. Digamos imediatamente o que seria aqui dissimular o essencial, a impureza-complexidade da diferença. Com efeito:

a) A distinção do MD e do MH é *interior ao MD*, o que torna vã qualquer simetria, qualquer distribuição analítica dos problemas.

b) Podemos verdadeiramente pronunciar aqui o discurso teórico do MH?

Ou contamos elipticamente essa ciência, caindo assim na armadilha que nos faz dizer exatamente aquilo que a obra de Althusser tem por função nos impedir de dizer: determinando com efeito o marxismo como instauração de uma ciência, Althusser nos lembra que é impossível passar por cima das provas em direção de resultados ilusórios, porque os objetos de uma ciência se incorporam à estrutura de apoditicidade em que aparecem.

Ou tentamos extrair a forma específica de racionalidade do MH, operamos a "retomada" de uma descoberta científica fundamental pela "reflexão filosófica e a produção [...] de uma *forma de nova racionalidade*"

---

[9] Sabemos que o conceito de sutura foi introduzido por J. Lacan e J. A. Miller a fim de pensar o local-deslocado do sujeito no campo psicanalítico. Cf. *Cahiers pour l'Analyse*, n. 1, jan. 1966. O uso que eu faço *en passant* é indicativo.

[10] Sublinhemos de uma vez por todas que, ao restringir nosso exame aos conceitos essenciais introduzidos por Althusser, não pretendemos de modo algum dissimular que já o (re)começo do marxismo é uma obra coletiva. Mais coletivo que qualquer outro, o que lhe é atribuído por sua exclusiva destinação *política*.

(*LC* II, p. 166). E sem dúvida então falemos *do* MH, sem dúvida produzamos o discurso disso que é a condição silenciosa de seu discurso. Mas o laço em que operamos não é justamente o MH, o lugar em que operamos é aquele de onde podemos pensar não *o objeto científico do MH* (os "modos de produção" e as "formas de transição"), mas sua *cientificidade*; lugar então, por definição, do MD.

Do MH *só* podemos exibir aqui aquilo que toma lugar no MD. Nossa exposição será pois inteiramente interior ao MD, inclusive os problemas difíceis, abordados no fim, concernentes ao estatuto teórico do próprio MD.

c) E todavia, em conformidade a isso que seria preciso nomear como paradoxo do duplo corte, *o MD depende do MH*, de uma dependência teórica ainda obscura: não apenas porque o MD não pode naturalmente produzir o conceito das "formas novas de racionalidade" senão pela consideração das ciências existentes, em que, segundo uma expressão enigmática de Althusser, tais formas existem "em estado prático"; mas mais essencialmente porque, diferentemente das epistemologias idealistas, o MD é uma teoria *histórica* da ciência. O MD é "a teoria da ciência e história da ciência" (*LC* II, p. 110). É que, em verdade, não há outra teoria da ciência senão a história teórica das ciências. A epistemologia é a teoria da história do teorético; a filosofia é a "teoria da história da produção de conhecimentos" (*LC* I, p. 70). É por isso que a fundação revolucionária da ciência da história, na medida em que ela torna possível uma história científica da produção de conhecimentos científicos, produz *também* uma revolução filosófica, designada pelo MD.[11]

Vê-se a que ponto a diferença do MD e do MH é não distributiva. Temos aqui uma diferença não diferenciante, principalmente misturada: impura. O intrincamento do MD e de todas as ciências, mas sobretudo do MH, não põe fim à autonomia do processo de conhecimento científico. Todavia, esse intrincamento constitui essa autonomia, essa retirada, na forma mesma de presença no seio do MD. O MD mantém-se, se podemos dizê-lo, "ao rés" da ciência, de tal modo que a falta da ciência, o silêncio em que seu discurso é mantido à distância, é a falta determinante da *epistemologia*, na qual essa ciência é constantemente *mencionada em sua falta*, porque do mesmo modo o conhecimento da

---

[11] Sobre tudo isso, ver *MH-MD*, p. 115.

cientificidade é conhecimento da impossibilidade específica de um *relato* da ciência, conhecimento da não presença da ciência fora dela mesma, no produzir real de seus conceitos. Interior ao MD, nossa colocação à prova dos conceitos de Althusser será, contudo, estruturada pela *imanência retirada* do MH, figura da falta que permanece *sua*.

Por razões que aparecerão passo a passo, ordenaremos a análise em torno de duas diferenças: a entre ciência e ideologia; e a entre prática determinante e prática dominante. Falaremos, então, sucessivamente da *teoria do discurso* e da *teoria da causalidade estrutural*.

Ciência e ideologia

Da definição do MD (disciplina em que se enuncia a cientificidade do MH) resulta imediatamente que o conceito que determina seu campo é o conceito de ciência. O MD não poderia certamente exibir a identidade da ciência em um "ver" indecomponível: do mesmo modo, o que é primeiro aqui é o *par* diferencial ciência-ideologia. O objeto próprio do MD é o sistema das diferenças pertinente que, ao mesmo tempo, disjunta e conjunta a ciência e a ideologia.

Para caracterizar grosseiramente esse par, digamos que a ciência é a prática produtora de conhecimentos, cujos meios de produção são os *conceitos*; ao passo que a ideologia é um sistema de representações, cuja função é prático-social e que se autodesigna em um conjunto de noções. O efeito próprio da ciência – "efeito de conhecimento" – é obtido pela produção regrada de um objeto essencialmente distinto do objeto dado e distinto também do objeto real. A ideologia, em contrapartida, articula *o vivido*, quer dizer, não a relação real dos homens a suas condições de existência, mas "*a maneira* como [os homens] vivem sua relação a suas condições de existência" (*PM*, p. 240).

A ideologia produz pois um efeito de *reconhecimento*, e não de conhecimento, ela é, para falar como Kierkegaard, a relação na medida em que ela é relacionada a mim. Na ideologia, as condições apresentadas são re-apresentadas, e não conhecidas. A ideologia é um processo de reduplicação, intrinsecamente – ainda que misteriosamente, ao menos no atual estado de nossos conhecimentos – ligado à estrutura especular do fantasma. Quanto à função dessa reduplicação, trata-se de intrincar o imaginário e o real em uma forma específica de *necessidade* que assegura o preenchimento efetivo, por homens determinados, de tarefas prescritas "no vazio" por diferentes instâncias da totalidade social.

Se a ciência é um processo de *transformação*, a ideologia, na medida em que o inconsciente vem se constituir e se ligar a ela, é um processo de *repetição*.

Que o *par* seja primeiro, e não cada um de seus termos, significa – e isso é capital – que a oposição ciência-ideologia não é distributiva: ela não permite repartir imediatamente as diferentes práticas e discursos, menos ainda "valorizar" abstratamente a ciência "contra" a ideologia. A tentação, para dizer a verdade, é apenas evidente demais. Na mistura política, e em face do laxismo teórico do PC, arrisca-se fortemente a fazer funcionar o par de oposição como uma *norma* e a identificá-lo ao par (ideológico) verdade-erro. Dessa maneira, reconduz-se uma diferença teórica ao jogo em que o Bem e o Mal perpetuam a infinidade fechada de suas imagens recíprocas. É entretanto claro que uma *função* prático-social que impõe a um sujeito "tomar seu lugar" não pode ser o negativo da *produção* de um objeto de conhecimento, e é precisamente porque a ideologia é uma instância *irredutível* das formações sociais que a ciência não poderia dissolver: "não é concebível que o comunismo, novo modo de produção, que implica forças de produção e relações de produção determinadas, possa dispensar uma organização social da produção e formas ideológicas correspondentes" (*PM*, p. 239). Em realidade, a oposição ciência-ideologia, considerada como abertura de campo de uma nova disciplina (o MD), mostra-se desenvolvida ela própria não como simples contradição, mas como processo. Com efeito:

a) *A ciência é ciência da ideologia*. Exceto se repetirmos que a ciência é ciência de seu objeto, o que é pura tautologia, a questão "de que a ciência é ciência?" não admite outra resposta senão: a ciência produz o conhecimento de um objeto do qual uma determinada região da ideologia *indica a existência*. As noções da ideologia podem com efeito ser descritas como *indicadores*[12] sobre os quais operam funções de ligação.

---

[12] O melhor termo seria talvez "denotador", ou um equivalente do inglês "*designator*" (cf. Carnap, R. *Meaning and Necessity*. Chicago, 1956, p. 6). A teoria formal da denotação, e mais geralmente a semântica formal tal como o empirismo lógico anglo-saxão a desenvolve, fornecem, em minha opinião, a armadura de uma análise estrutural da *ideologia*. Naturalmente, para Carnap, a semântica é uma teoria *da ciência*: é que o empirismo lógico é ele próprio uma ideologia. Resta que ele empreende o resumo sistemático das formas gerais da *descrição ligada*, do discurso

O sistema ligado de indicadores re-produz a unidade das existências em um complexo normativo que *legitima* a doação fenomenal (o que Marx chamava de aparência). Como diz Althusser, a ideologia produz o *sentimento* do teórico. O imaginário anuncia-se assim na relação ao "mundo" por uma *pressão unificante*,[13] e a função do sistema global é fornecer um pensamento legitimador de *tudo* aquilo que se dá como real. Nessas condições, é claro que é no interior mesmo do espaço ideológico que se encontra produzida a designação de "objetos reais" com que a ciência produz o objeto de conhecimento, *como, aliás, a indicação da existência do objeto de conhecimento ele mesmo* (mas não *o efeito de conhecimento* que ele induz). Nesse sentido, a ciência aparece *sempre* como "transformação de uma generalidade ideológica em generalidade científica" (*PM*, p. 189).

b) *Reciprocamente, a ideologia é sempre ideologia para uma ciência.* O *mecanismo* ideológico da designação totalitária e normativa dos existentes não é descoberta (ou conhecida) a não ser pela região em que são designados os existentes *de uma ciência*, quer dizer, os objetos reais de que uma ciência realiza a apropriação cognitiva. Sem dúvida, podemos formalmente *designar* como ideológicos um grande número de discursos. Não nos privamos disso na prática política. Mas precisamente porque ela é uma designação, essa avaliação é, *ela própria, ideológica*. Os únicos discursos *conhecidos* como *ideológicos* o são na *retrospecção* de uma ciência.

Marx nos legou a teoria desenvolvida (devia ainda consagrar todo o livro IV d'*O Capital* a isso!) apenas de *uma única ideologia*: a ideologia *econômica*, divisível em economia clássica (ideologia "em ponto de corte") e economia vulgar (ideologia propriamente dita).[14] É que

---

reprodutor, quer dizer, das formas mais abstratas de todo discurso ideológico. [Em português, empregamos o equivalente "designador" (N.T.)].

[13] O conceito de totalidade, tomado em seu sentido absoluto, é o exemplo arquetípico de um fantasma teórico. A totalização sartriana é a crítica fantasmática do fantasma: é um deslocamento-progresso intraideológico.

[14] A economia vulgar é caracterizada em vários lugares. Por exemplo: "a economia vulgar [...] se contenta com as aparências, rumina sem cessar por sua própria necessidade e pela vulgarização dos mais grosseiros fenômenos os materiais já elaborados por seus predecessores e se limita a erigir pedantescamente em sistema e a proclamar como verdades eternas as ilusões com as quais o burguês adora povoar seu próprio mundo, o melhor dos mundos possíveis" (*Le Capital*. Éditions Sociales, I, p. 83, nota). Assim, a ideologia: a) repete o imediato (a aparência), quer dizer, a ilusão objetiva; b) reinscreve nesse imediato re-presentado os conceitos científicos

ele produziu em *O capital* apenas conceitos científicos *regionais* – os da instância econômica – na retrospecção dos quais não podia pensar senão *essa* ideologia.

Mede-se assim a complexidade das relações entre a ciência e a ideologia, sua mobilidade orgânica. Não é exagerado dizer que o MD atinge seu apogeu nesse problema: como pensar a articulação da ciência e do que não é ciência, mas preservando a radicalidade impura da diferença? Como pensar a não relação disso que é relacionado duplamente? Desse ponto de vista, podemos definir o MD como sendo a *teoria formal dos cortes*.

Nosso problema situa-se pois em um contexto conceitual mais vasto, que concerne a *todas* as formas de articulação e de ruptura entre instâncias de uma formação social.

Causalidade estrutural

Vamos pois tentar aqui ser tão rigorosos quanto for possível, cientes de dar conta apenas de uma parte do esforço de Althusser.

Como qualquer outra construção de conceito, o conhecimento do "mecanismo de produção do *efeito de sociedade*" (objeto próprio do MH, *LC*, I, p. 84) pressupõe (invisivelmente) uma teoria *geral*.

A ciência é, com efeito, um discurso demonstrativo ligado, quanto à ordem de sucessão de conceitos, a uma sistemática combinada que os hierarquiza "verticalmente". A analogia linguística nos leva a dizer que *o processo de exposição* em que se manifesta apoditicamente o objeto da ciência é um sintagma de um *paradigma teórico*: a "estrutura de organização de conceitos na totalidade-de-pensamento ou *sistema*") (*LC* I, p. 87).[15] Por exemplo, a demonstração de Marx relativa à lei de baixa tendencial da taxa de lucro aparece logicamente subordinada a construções conceituais "anteriores" (teoria do valor, construção do conceito de mais-valia, teoria da reprodução simples, etc.). Mas essa

---

eles-próprios (materiais elaborados); c) totaliza o re-presentado (sistema) e o pensa como Verdade: a ideologia se autodesigna como ciência; d) tem por função servir às necessidades de uma classe.

[15] A distinção essencial entre o objeto-de-conhecimento e o objeto-real, a teoria do conhecimento como produção, a diferença entre sistema e processo de exposição, tudo isso é o fruto de uma reflexão cerrada conduzida a partir do texto "canônico" de Marx: a introdução de 1857 à *Crítica da economia política*.

subordinação diacrônica reenvia a um exemplo sincrônico complexo em que encontramos: (1º) um sistema ligado de conceitos que tem leis de combinação, (2º) formas de ordem do discurso que organizam o *desdobramento* probante do sistema.

A teoria do efeito de conhecimento tem por objeto tematizar a diferença-unidade, a "decalagem" (*LC* I, p. 87) entre a ordem de combinação de conceitos no sistema e sua ordem de apresentação-ligação na discursividade científica; toda a dificuldade do problema está ligada ao fato de que a segunda ordem não é de modo algum o percurso da primeira, nem sua reduplicação, mas sua *existência*, existência determinada pela *ausência* mesma do sistema, e a imanência dessa ausência: sua não presença no interior de sua própria existência.

É o mesmo que dizer que a explicação do sistema não poderia ser o efeito do discurso (científico), cujo funcionamento requer precisamente a *não explicação* da combinação "vertical" que o faz existir. Consequentemente, a apresentação teórica do *sistema* de uma ciência não pertence a essa ciência.[16] De fato, a apresentação do sistema do MH, a teoria do tipo especial de causalidade que ele exibe como lei de seu objeto, não pertence ao MH e não pode pertencer. Os textos fundamentais de Althusser sobre a estrutura à dominante (*PM*, p. 162-224) e sobre o objeto do *Capital* (*LC* II, p. 127-185) também não pertencem ao

---

[16] A tese contrária é sustentada com brio por Michel Serres no que concerne às matemáticas (Serres, M. La Querelle des anciens et des modernes en mathématiques. *Critique*, n. 198, nov. 1963). Segundo Serres, a matemática moderna tomou a si mesma como objeto e progressivamente importou sua própria epistemologia. Mais geralmente, uma ciência que alcança a maturidade é "uma ciência que comporta a autorregulação de sua própria região e, portanto, sua epistemologia autóctone, sua teoria sobre si mesma, expressa em sua linguagem, segundo a descrição, o fundamento e a norma" (p. 1001). A discussão precisa dessa tese está fora de questão aqui. Indiquemos apenas que o *fundamento* ao qual Serres faz alusão é apontado numa perspectiva transcendental. Se, ao contrário, tomamos o cuidado de definir a ciência como *produção* de um efeito específico, e a epistemologia como história teórica dos modos de produção desse efeito, parece que a importação epistemológica é impossível. Em realidade, o que a matemática tem efetivamente "tratado" não é a lei real de seu processo, mas uma re-presentação ideológica das matemáticas, uma ilusão de epistemologia. E esse tratamento lhe era efetivamente necessário, porque, como toda ciência, a matemática é ciência da *ideologia*. A singularidade das matemáticas tem a ver com o fato de que seu "exterior" determinado não é outra coisa senão a região da ideologia *onde as próprias matemáticas* são indicadas. Esse é o conteúdo real do caráter "a-priorístico" dessa ciência: ela não rompe nunca com seu *próprio fato* tal que ele se indica na re-presentação.

MH, *mas ao MD*. É no MD que esses conceitos se desdobram segundo formas de sucessão diacrônicas elas próprias ligadas ao *sistema (ausente) mais geral que possa ser indicado*, o sistema do MD, ou Teoria.

Consideremos pois a organização sistemática dos conceitos do MH tal como o MD a produz.

Essa organização começa por dar a si mesma palavras primitivas, quer dizer, noções *não definidas* que serão transformadas em conceitos por sua ligação "axiomática", no sistema. Tais noções elementares são agrupadas na definição do conceito mais geral do MD, o conceito de *prática*:

> por prática em geral, entenderemos qualquer processo de *transformação* de uma matéria-prima dada determinada em um *produto* determinado, utilizando meios (de "produção") determinados. Em toda prática assim concebida, o momento (ou o elemento) *determinante* do processo não é nem a matéria nem o produto, mas a prática no sentido estrito: o momento do próprio *trabalho de transformação*, que aciona, numa estrutura específica, homens, meios e um método técnico de utilização de meios (*PM*, p. 167).

As noções primitivas são, de fato: 1º força de trabalho, 2º meios de trabalho, 3º formas de aplicação da força aos meios. As duas extremidades (matéria-prima na entrada, produto na saída) são apenas os *limites* do processo.

Uma *combinação específica* desses três termos, pensada na estrutura própria "que é em todos os casos a estrutura de uma produção" (*LC* I, p. 74), define *uma* prática.

O primeiro *conjunto* assim construído é pois *a lista das práticas*. Althusser fornece algumas delas, e a maior parte é aberta. O segmento invariante dessas listas comporta: a prática econômica (cujos limites são a matéria e os produtos de uso); a prática ideológica; a prática política, a prática teórica.

Dizer que o conceito de prática é o conceito mais geral do MD (sua primeira combinação regrada de noções) é dizer que no "todo social" não há *senão* práticas. Qualquer outro objeto pretensamente simples não é um objeto de conhecimento, mas um indicador ideológico. É dizer também que a generalidade desses conceitos *não pertence ao MH*, mas apenas ao MD; *a* prática *não existe*: "não há prática em geral mas práticas distintas" (*LC* I, p. 73). Entendamos: a história, tal como pensada pelo MH, só conhece práticas determinadas.

Nessas condições, a única "totalidade" concebível é evidentemente "a unidade complexa de práticas existentes em uma dada sociedade" (*PM*, p. 167). Mas qual é o *tipo de unidade* que articula as diferentes práticas umas sobre as outras?

Inicialmente, convenhamos chamar de *instância* de uma formação social uma prática *enquanto* articulada sobre todas as outras.[17] A determinação da autonomia diferencial de algumas instâncias com relação a outras, quer dizer, a construção de seu conceito (o que faz com que possamos falar de uma história da ciência, de uma história da religião, do "político", etc.) é *ao mesmo tempo* a determinação de sua articulação e de sua hierarquia no interior de uma sociedade dada. Com efeito, pensar as relações, de fundação e de articulação, das diferentes instâncias é pensar "seu *grau de independência*, seu tipo *de autonomia* 'relativa'" (*LC* I, p. 74). Uma instância é inteiramente definida pela relação específica que mantém com todas as demais: o que "existe" é a estrutura articulada das instâncias. Resta *desenvolver* o conhecimento dela.

Nas atribuições de lugares assim determinados, por um estado de uma sociedade dada, pode existir uma instância privilegiada: a instância cujo conceito é requerido para pensar *a eficácia* efetiva das demais. Ou, mais exatamente, aquela *a partir* da qual, através de uma dada "estase" de um todo social, pode-se percorrer racionalmente o sistema completo de instâncias na ordem efetiva de suas dependências de eficácia. Convenhamos chamar de *conjuntura* o sistema de instâncias conforme pensável segundo o percurso prescrito pela hierarquia móbil das eficácias. A conjuntura é inicialmente a determinação de uma instância *dominante*, cuja baliza fixa o *ponto de partida* da análise racional do todo.

A primeira grande tese do MD – considerado aqui como epistemologia do MH – postula que o conjunto das instâncias define *sempre* uma forma de existência conjuntural: dito de outra maneira, que "o todo complexo possui a unidade de uma estrutura articulada como dominante" (*PM*, p. 208).

Agora, é evidente que a conjuntura muda. Queremos dizer que ela é o conceito das *formas de existência* do todo-estruturado, e não o da

---

[17] Nos textos de *Pour Marx*, por um resto de consideração com a tradição e para melhor apoiar-se sobre um célebre texto de Mao, Althusser chama ainda a prática-articulada de contradição. Nós abandonamos resolutamente essa designação confusa.

variação dessas formas. Para nos situarmos de saída na hipótese máxima, podemos admitir que, um *tipo conjuntural* sendo definido pela instância que ocupa "o papel principal" (*PM*, p. 219) – que é dominante –, qualquer tipo é pensável: conjuntura com dominante política (crise no Estado), ideológica (combate antirreligioso, como no século XVIII), econômica (grande greve), científica (corte decisivo, como a criação da física galileana), etc. Daí por diante, importa determinar a invariante dessas variações, quer dizer, o *mecanismo de produção do efeito-de-conjuntura*, que se confunde além de tudo com o *efeito de existência* do todo.

Convenhamos chamar de *determinação* a produção desse efeito. Notaremos que a determinação define-se exaustivamente por seu efeito: a mudança da conjuntura, ela própria identificável pelo deslocamento dessa conjuntura, ela própria identificável pelo deslocamento da dominante. Isso posto, qual é a eficácia de onde resulta o deslocamento?

Uma precaução preliminar: não é em todo caso nas *instâncias* ou práticas pensadas segundo suas relações completas a todas as outras instâncias que podemos encontrar o segredo da determinação. No nível das instâncias, não existe *senão* a estrutura articulada à dominante. Crer que uma *instância* do todo determina a conjuntura é inevitavelmente confundir a determinação (lei do deslocamento da dominante) e a dominação (função hierarquizante das eficácias em um dado tipo conjuntural). Tal é de resto a raiz de todos os desvios ideológicos do marxismo e notadamente do mais temível de todos, o economismo. O economismo postula com efeito que a economia é sempre dominante; que toda conjuntura é "econômica". Ora, é verdade que uma instância econômica figura sempre em um todo articulado. Mas ela pode ser, *como pode não ser*, dominante: coisa de conjuntura. Como tal, a instância econômica não tem nenhum privilégio por direito.

Se nenhuma *instância* pode determinar o todo, é possível por outro lado que uma *prática*, pensada em sua estrutura própria, estrutura por assim dizer *recuada* com relação àquela que articula essa prática como instância do todo, seja determinante aos olhos de um todo no qual ela figura sob espécies descentradas. Pode-se imaginar que o deslocamento da dominante e a distorção correlativa da conjuntura seja o efeito da subjacência, a uma das instâncias, de uma estrutura-de-prática em não coincidência com a instância que a *representa* no todo. Pode-se imaginar que *um* dos termos da combinação social (termo *invariante* dessa vez) opere em sua própria forma complexa o recobrimento articulado de *duas* funções: a função de instância, que a articula ao todo hierarquicamente estruturado; a função de *prática determinante*, que "se exerce justamente, na história real, nas permutações do papel principal entre a economia, a política, e a teoria, etc." (*PM*, p. 219), em suma, no deslocamento da dominante e a fixação da conjuntura. Tal prática, como a Natureza espinosana, será ao mesmo tempo estruturante e estruturada. Ela seria localizada no sistema de lugares que determina. *Como determinante* entretanto ela continuaria "invisível", não sendo mais *apresentada* na constelação das instâncias, mas apenas *representada*.[18]

Essa é, abruptamente esquematizada, a segunda grande tese do MD: existe uma *prática determinante*, e essa prática é *a prática "econômica"* (mais exatamente: a prática cujos limites são a natureza e os produtos de uso).

Observemos atentamente que o *tipo de causalidade* da determinante é inteiramente original. Com efeito, pensada como princípio da determinação, a prática econômica *não existe*: o que figura no todo-articulado-à-dominante (único existente efetivo) é a instância econômica que é apenas representante da prática homônima. Ora, esse representante é ele próprio *tomado* na determinação (conforme a que a instância econômica seja dominante ou subordinada, conforme a extensão, prescrita pela correlação das instâncias, de sua eficácia conjuntural, etc.). A causalidade da prática econômica é pois causalidade de uma ausência sobre um todo já estruturado em que ela é representada por uma instância (*LC* II, p. 156).

O problema da causalidade estrutural, problema da "determinação dos fenômenos de uma dada região pela estrutura dessa região" (*LC* II, p. 167), e, mais precisamente, cada instância sendo ela própria de uma forma combinada, problema da "determinação de uma estrutura subordinada por uma estrutura dominante" (*LC* II, p. 167), encontra-se

---

[18] O problema fundamental de *todo* estruturalismo é o problema do termo com dupla função, que determina o pertencimento dos outros termos à estrutura na medida em que ele próprio é excluído pela operação específica que o faz figurar apenas sob as espécies de seu *representante* (seu lugar-tenente, para retomar um conceito de Lacan). É o imenso mérito de Lévi-Strauss ter, na forma ainda misturada do Significante-zero, *reconhecido* a verdadeira importância dessa questão (cf. *Introduction à l'œuvre de Mauss*. Paris: PUF, 1950, XLVII ss). Marca do lugar ocupado pelo termo que indica o excluído específico, a falta pertinente, quer dizer: a *determinação*, ou "estruturalidade" da estrutura.

assim colocado na forma que lhe atribui o MH: *unidade descentrada* entre a combinação das instâncias – "estrutura de desigualdade com dominância específica do todo complexo sempre-já-dado" (*PM*, p. 223) – e a determinação-deslocamento desse todo – "processo complexo" – por uma prática representada, mas sem outra existência senão seu efeito.

Esse problema, que segundo Althusser "resume [...] a prodigiosa descoberta científica de Marx [...] como uma prodigiosa questão teórica *contida* no 'estado prático' na descoberta científica de Marx" (*LC* I, p. 167), esse problema está muito longe de ser resolvido. Nem mesmo é certo que estejamos em condições de *colocá-lo* (teoricamente). Pode ser que possamos apenas *indicá-lo*. E essa indicação deverá certamente, para se transformar no objeto de conhecimento que ela indica, tomar a forma inesperada de uma leitura de Espinosa.[19] Mas em todo caso, é da solução, ou ao menos da posição do problema da causalidade estrutural que depende o progresso ulterior do MD.

É preciso finalmente abordar as principais "lacunas" da empreitada, aquelas cujos efeitos deformadores sobre o próprio texto são reconhecíveis nos níveis que distinguimos (diferença inaugural entre a ciência e a ideologia; teoria da causalidade estrutural). Essas lacunas podem ser, com alguma aspereza, mencionadas sob a forma de duas questões:

a) Qual é o estatuto teórico do MD?

b) As *estruturas* em que se exerce a determinação são elas próprias definidas sobre *conjuntos*? Caso contrário, podemos realmente conceber uma combinação sem se dar o conceito de um "espaço" dos lugares e sem especificar, por sua capacidade própria a ocupar-distribuir lugares, os *elementos* combinados?

A questão do estatuto do MD evoca a segunda questão, pelo fato de ela colocar em jogo enigmas da representação. Pois se trata de saber se o MD é *representado* nas distinções operatórias que o tornam possível

---

[19] Cf. por exemplo, *LC* I, p. 49. A causalidade imanente da substância não é *nada além* de seu efeito: a mobilidade intramodal da Natureza naturada, cuja Natureza naturante é a determinação ausente. Contudo, Deus é efetivamente *representado* como modo (por sua ideia adequada). Na configuração estrutural que chamamos de homem, esse representante da *determinação* pode ser (libertado) ou não ser (servidão) *dominante*: a Sabedoria é uma conjuntura.

e organizam sua discursividade própria. O MD encontra-se tomado na configuração formal das práticas "cognitivas" que ele tem por função desenhar?[20] O MD é uma ciência? E se não é, é uma ideologia?

Althusser mostra a esse propósito alguma hesitação, prestes muito frequentemente a designar o MD como *filosofia*. Que essa designação não nos faça avançar resulta do fato de que o par de opostos ideologia/não ideologia vale para a filosofia: "toda a história da filosofia ocidental é dominada não pelo 'problema do conhecimento', mas pela *solução* ideológica, quer dizer, imposta de saída por 'interesses' práticos, religiosos, morais e políticos, estranhos à realidade do conhecimento, que esse 'problema' *devia receber*" (*LC* I, p. 66). A melhor definição que podemos dar ao MD seria de "filosofia não ideológica"? Mas esse agregado nominal não é significativo senão se pensarmos a relação intrínseca da filosofia ao não ideológico como tal (a ciência).

Essa relação, Althusser a pensa, com efeito, sob as espécies da "produção pela filosofia de novos conceitos teóricos que resolvem os *problemas teóricos* senão explicitamente colocados, pelo menos contidos 'em estado prático' nas grandes descobertas científicas" (*LC* II, p. 166). A cada ruptura científica vem corresponder uma "retomada" filosófica, que produz sob forma refletida e temática os conceitos teóricos engajados de forma prática, quer dizer, operatória, nas diversas ciências. Assim, de Platão para a geometria, de Descartes para a nova física, de Leibniz para o cálculo diferencial, de Kant para Newton, do MD para o MH, de Marx (filósofo) para Marx (cientista).

Mas o que Althusser não nos diz é:

a) O que distingue essa "retomada" em relação à pura e simples *reinscrição* ideológica do fato novo que é uma ciência; o que distingue essa retomada em relação a uma desarticulação refletida dos conceitos da ciência chegando a refletir-desconhecer a absoluta *diferença* do discurso científico na *unidade* fantasmática do discurso ideológico, através de operadores ideológicos de "verdade" e de "fundamento"; o que distingue a filosofia em relação a uma região particularmente

---

[20] O campo completo dessas práticas, tal como indicado aqui e ali por Althusser, compreenderia, além da prática teórica e da prática ideológica, o conhecimento "técnico" e o conhecimento "empírico", provavelmente redutíveis a certas configurações transicionais entre o conhecido, o re-presentado e outros efeitos, interiores a outras instâncias das formações sociais.

delicada da ideologia, a região em que se opera a ideologização disso que é principialmente o não ideológico radical, a ciência. Ele não nos diz se a correlação empiricamente evidente entre a ciência e a filosofia não tem a ver com o fato de que a filosofia é com efeito especializada "na" ciência, queremos dizer: especializada na *dissimulação* unificante-fundadora do único discurso cujo processo específico é irredutível à ideologia, o discurso científico.

b) O que distingue o MD, representado como filosofia, das epistemologias anteriores (filosóficas), consagradas explicitamente a produzir, diferenciar, depois reduzir o conceito de ciência. Althusser não nos diz como evitar, ou contornar, os isomorfismos identificáveis entre o MD e a forma geral da ideologia filosófica tal como o próprio MD conceitualiza. Althusser sabe muito bem que as características formais mais manifestas da filosofia ideológica são aquelas que ele atribui ao ecletismo (*PM*, p. 53): a *teleologia teórica e a autointeligibilidade*. Ora essas duas propriedades, o MD, como disciplina teórica "suprema" que "desenha as condições formais" de *toda* prática teórica (*PM*, p. 170), as possui necessariamente: autointeligível e circular, o MD o é inevitavelmente, se é verdade que ele produz a teoria de toda prática teórica, e por consequência (diferentemente de *todas* as demais ciências) *a teoria de sua própria prática*.[21] Teoria geral das rupturas epistemológicas, o MD (diferentemente de todas as outras ciências) deve estar em condição de pensar sua própria ruptura, de *refletir sua diferença*, quando *uma* ciência não é senão *o ato* desenvolvido dessa própria diferença.

O MD restaura assim em seu proveito a ideologia da presença a si de diferença, a ideologia da identidade de transparência; "*capaz de dar conta de si*, tomando a si mesmo como objeto" (*PM*, p. 31), ele difere bastante menos do saber absoluto do que Althusser concede, pois contém em si o de que pensar, além de sua própria essência, a *cientificidade* de toda ciência, sua essência não visível, mas efetuada, e articula assim *os* modos de produção teóricos como *figuras* formais de seu próprio processo. O MD arrisca-se fortemente a ser, dessa vez a propósito do MH, *uma* retomada "filosófica" entre outras, a perpetuação da tarefa a que se devotou a história da filosofia: o impossível *fechamento* da abertura

---

[21] Como nota Althusser a propósito de Husserl, reivindicar o círculo como círculo não faz sair dele. Eu acrescentaria: chamar de "dialética" a circularidade do círculo não deve obnubilar o caso em que o círculo é o círculo da ideologia.

científica na ilusão de clausura da ideologia. O MD arrisca ser muito simplesmente *a ideologia de que o MH tem "necessidade".*

Para concluir, gostaria de sublinhar ao mesmo tempo a necessidade absoluta e o risco desse (re)começo do MD.

Primeiramente, é claro para mim que não existe hoje em dia nenhum outro recurso, se pelo menos queremos *falar* disso cuja realidade silenciosa (silenciosa *na teoria*) nos interpela e nos faz os "portadores" de funções historicamente determinadas.

Não existe outro recurso se queremos pensar o que constitui *nossa* conjuntura política: a des-stalinização e a "coexistência pacífica", ligadas a essa *forma de transição regressiva* que define o regime soviético; o imperialismo norte-americano, a revolução chinesa, outra *espécie de transição.*

É apenas à lucidez epistemológica dos marxistas que trabalham em torno de Althusser que devemos poder refletir essa conjuntura política *na nossa conjuntura teórica*, e inversamente: na falta disso, seríamos reduzidos a repisar as *descrições* do marxismo vulgar e a abandonar a ciência viva, sob todos os seus aspectos, à direita formalista e aos teólogos da Literatura.

É a esses marxistas que devemos a *atualidade* dos conceitos do MH, de que podemos dizer literalmente que eles os des-cobriram, porque desde Marx eles haviam sido não esquecidos, mas travestidos, re-inscritos, *recalcados*. E como, consagrando-me por razões necessárias ao MD, não falei da ciência da história propriamente dita (mas que se leia Marx: doravante, nós *podemos*), quero aqui mencionar os *serviços* que nos prestam, na prática política ela mesma, os surpreendentes resultados obtidos por É. Balibar no que concerne justamente às formas de transição (*LC* II, p. 277-332).

Sem dúvida, a teoria da instância política ainda está por fazer. Mas sabemos que os marxistas dedicam-se a isso; e já é muito que *o lugar* de uma tal teoria esteja claramente designado. No momento em que, para além da crítica comum do idealismo fenomenológico, a conjuntura nos impõe preservar, através de novas configurações científicas, e nelas, o rigor racionalista e revolucionário das organizações de classe, pensar que a prática política vai se ver atribuir seu estatuto dá forma à nossa exigência.

Entretanto, a obra interpretativa de Althusser está em situação de ruptura. Por vários aspectos, o *ressentimento* teórico ainda a governa, o que a torna algumas vezes cega a tudo aquilo que nela deriva da tradição filosófica, quiçá ideológica.

Sem dúvida, cada um deve por sua própria conta se desfazer, através do assassínio, da tirania teórica maior em que aprendemos a falar, a tirania hegeliana. Mas não basta *declarar-se* fora de Hegel para sair efetivamente de um reino maldito em que, como sabemos, nada é mais fácil do que cantar o canto de partida indefinidamente *sem sair do lugar.*

Se resumirmos provisoriamente a empreitada hegeliana através de dois conceitos correlativos de totalidade e de negatividade, diremos que existem duas maneiras de se livrar do mestre, seguindo as saídas que barram esses dois conceitos.

Que o acesso à totalidade nos seja recusado é o que a primeira crítica kantiana estabelece com rigor, estabelecendo desde a origem, e sem pretender reduzi-lo nem deduzi-lo, no puro *fato*[22] da ciência. Em muitos aspectos, a dialética transcendental é o governo secreto da polêmica althusseriana. Nada surpreendente se tantas descrições, em *Lire le Capital*, relacionam o objeto de conhecimento a suas condições de produção (à sua problemática, por exemplo) de uma maneira que lembra bastante a *démarche* progressiva e constituinte de Kant. Mesmo quando, para sair do "círculo" empirista que confronta indefinidamente o sujeito ao objeto, Althusser fala do "*mecanismo* da apropriação do objeto real através do objeto de conhecimento" (*LC* I, p. 71), ele não está tão longe assim do esquematismo, que contorna igualmente os problemas de garantia, de "polícia" do verdadeiro, em direção à questão positiva das *estruturas de funcionamento do conceito*. A teoria da produção de conhecimentos é uma espécie de esquematismo prático. A filosofia do conceito, esboçada por Althusser, como tinha sido por Cavaillès, muito se assemelha à exibição do campo estruturado do saber como campo multitranscendental sem sujeito.

Se agora nos voltarmos ao conceito de negatividade, com tudo aquilo que ele conota (causalidade expressiva, interioridade espiritual da ideia, liberdade do puro-si, teleologia parusiástica do Conceito, etc.), vemos bem que sua crítica radical foi conduzida de longe por

---

[22] Que releiamos o prefácio da *Crítica da razão pura*: Kant multiplica os índices de uma singularidade sem conceito, de um quase-milagre que preside à surreição "factícia" da ciência: "revolução devida a um só homem"... "feliz ideia de um ensaio"... "que teve a felicidade de realizar"... "atingido por uma grande luz". A ciência é o fato puro "por baixo" de que não há *nada*.

Espinosa (crítica da finalidade, teoria da ideia-objeto, irredutibilidade da ilusão, etc.). A dívida é, dessa vez, pública, reconhecida, e não há necessidade de insistir nisso.

A verdadeira questão é finalmente saber se há compatibilidade entre o kantismo do múltiplo que percebemos na epistemologia "regional" de Althusser e espinosismo da causalidade que regula os pressupostos de sua epistemologia "geral". Dito de outra forma, a questão é acerca da *unidade* do MD, talvez mesmo de sua pura e simples *existência* como disciplina teórica distinta.

Pois não podemos menosprezar: Kant e Espinosa podem ser mencionados aqui na exata medida em que se *suprime* o que poderia superficialmente aproximá-los: suprimido o Livro V da *Ética*, em que se encontra restaurada no amor intelectual de Deus uma forma de copertencimento do homem ao último fundamento; suprimida a segunda Crítica, em que a liberdade se abre um caminho em direção ao trans-fenomenal. Resta por pensar a difícil conjunção de uma epistemologia regional, histórica e regressiva e uma teoria global do efeito de estrutura. Althusser ou, para pensar Marx, Kant *em* Espinosa. Tal é a difícil figura alegórica a partir da qual decidir se, efetivamente, o materialismo dialético (re)começa.

Jean-François Lyotard
Custos, quid noctis?[1]

---
[1] Acerca de LYOTARD, J. F. *Le Différend*. Paris: Minuit, 1983.

Em 1982, quando acabara de publicar Théorie du Sujet *[Teoria do sujeito] numa indiferença pública verdadeiramente notável, no cúmulo, pois, de uma espécie de isolamento, fui convidado ao seminário "O recuo do político", que coorganizaram, na Escola Normal Superior, Jacques Derrida, Philippe Lacoue-Labarthe, Jean-François Lyotard e Jean-Luc Nancy. Uma equipe rara de se ver. Eu conservei por essa equipe, que havia assim decidido pôr fim, da maneira como ela bem podia, a meu isolamento, e isso a despeito de graves divergências comigo, um reconhecimento muito fiel. Foi nas margens desse seminário que em 1983, num rompante, Lyotard, a despeito de sérias contendas que nos haviam separado quando colegas na Universidade de Paris 8, disse-me que ele publicava o que chamava seu (único) "livro de filosofia", cujo título era* Le Différend *[O diferendo], e do qual desejava que eu fizesse a resenha para o jornal* Le Monde. *Eu aceitei, li o livro e, embalado pelo meu entusiasmo, escrevi um artigo demasiado longo para ser publicado num jornal cotidiano. Daí sua publicação na revista* Critique.

Um livro de filosofia

Os filósofos foram recentemente colocados em eclipse de sua própria superabundância, por meio do singular avatar de sua "novidade". Se, todavia, se os lê, exercício ao qual talvez eles não estejam destinados, os filósofos em questão não estão concernidos pela novidade senão no sentido da sábia máxima de Don Leopold Auguste, em

O sapato de cetim, de Claudel, que, após ter exigido o novo, pois ama-o, é-lhe necessário "o novo a qualquer preço", precisa: "Mas qual novo? Do novo, mas que seja a sequência legítima de nosso passado. Do novo, mais uma vez, mas que seja exatamente semelhante ao antigo".

Jean-François Lyotard anuncia ter escrito, com *Le Différend*, seu livro de filosofia. Tratar-se-ia de uma novidade minuciosamente idêntica ao antigo? Parece que Lyotard toma "filosofia" num sentido heterogêneo ao que prodigam as revistas. Que se trate de seu livro de filosofia, no singular, equivale, ademais, a ele confessar, numa manobra altamente arriscada, que o que precedentemente era posto em livro não fosse filosofia, mas antes, sem dúvida, intervenção pré-filosófica, filosofema em estado bruto.

Já o estilo coloca o Lyotard de *Le Différend* em diferendo com o Lyotard anterior. Vocês ali encontram uma prosa íntegra e demonstrativa, que segue seu fio teimosamente. Uma vontade de examinar cuidadosamente as objeções possíveis. Uma trama tanto mais densa quanto límpida. Distintamente do Prometeu de Gide, Lyotard não lança, para transmitir sua conferência e acalmar o público dos jornais, nem poeira nos olhos, nem petardos esfumaçados, nem fotografias pornográficas. É um conflito filosófico de mãos vazias.

As referências essenciais de Lyotard remontam ao Dilúvio – antes da arca benta do Noé plumitivo, antes do zoo dos ruminadores de ensaios. Vejam essas antiguidades: Protágoras, Górgias, Platão, Antístenes, Aristóteles, quatro notícias sobre Kant, Hegel... Todas essas pessoas respeitáveis a cada vez tratadas como merecem, por meio de procedimentos de pontuação e de transcrição cuja novidade surpreende, e cuja retidão, ordenada à mais moderna das tarefas, revira nossas convicções acadêmicas.

O próprio Lyotard declara que suas três fontes são o Kant da terceira Crítica, o segundo Wittgenstein (o das *Investigações*) e o último Heidegger. É que ao primeiro ele toma de empréstimo a doutrina crítica dos múltiplos domínios do juízo, a impossibilidade do todo, a sintaxe do imperativo e a função justiceira do sentimento; ao segundo, a analítica da linguagem; ao terceiro, a figura retirada do Ser. *Le Différend* não deixa efetivamente de conter nada menos do que uma taxonomia dos gêneros de discurso e de sua incomensurabilidade, uma ética, uma política e uma ontologia. É o mesmo que dizer até que ponto se trata, como Lyotard o anuncia, de um livro de filosofia.

Façamos, todavia, comparecer esse anúncio diante do tribunal conceitual do próprio livro. Ali se encontra efetivamente escrito que "o que está em jogo no discurso filosófico é uma regra (ou regras) a se buscar sem que se possa conformar esse discurso a essa regra antes de tê-la encontrado" (p. 145). *Le Différend* deriva, nesse sentido, do gênero filosófico? Seria ele um livro autônimo, por conter sua própria definição?

Preocupamo-nos de saída com que a prescrição de ter de buscar uma regra se coloque ela própria como regra e que, pois, haja medida possível de uma conformidade do discurso em relação a seu gênero, contrariamente ao que se conclui. Esse tipo de argumentação "sofística", felicitemos antes de tudo Lyotard por levá-lo extremamente a sério. Lyotard rejeita, com efeito, a tentação (moderna? pós-moderna?) de tomar como vã a instrução de uma prova. Ele repudia o estilo do ensaio. É o que confirma o uso novo e convincente feito dos "paradoxos" de Protágoras ou de Antístenes. Como Platão, diz Pascal, prepara para o cristianismo, o ceticismo, diz Lyotard, prepara para a crítica. Donde se segue que se refutará a refutação dizendo isto: que o discurso filosófico seja a pesquisa de sua regra não vale como regra para esse discurso, pois "pesquisa" significa que o tipo de encadeamento das frases não se encontra nem prescrito previamente nem comandado por um resultado.

A incerteza quanto à regra se revela na multiplicidade, propriamente des-regrada, dos procedimentos de encadeamento. No livro de Lyotard, vocês encontrarão ora a argumentação relativa ao gênero lógico, ora a exegese de um nome ("Auschwitz"), ora a inserção textual (os autores), ora a colocação em jogo de um destinatário ("você disse isso... então..."), ora a definição de conceitos e de sua espécie, ora a colocação em impasse... Além de muitas outras técnicas. No que esse livro é feito inteiramente de passagens, trajetórias rompidas das quais não procede nenhum todo: "Que fazemos aqui, além de navegar entre as ilhas para poder declarar paradoxalmente que seus regimes ou gêneros são incomensuráveis?" (p. 196).

Esse livro é filosófico porquanto arquipelágico. A regra de navegação da qual a navegação permite a cartografia nada mais é do que a de um diferendo, ou seja, de uma multiplicidade que nenhum gênero poderia subsumir sob suas regras. A filosofia estabelece aqui ter por regra respeitar o que nenhuma regra torna comensurável. Esse respeito se endereça, pois, ao puro "há". O Mal é filosoficamente definível:

"Por mal eu entendo e não se pode entender senão a interdição das frases possíveis a cada instante, um desafio que se opõe à ocorrência, o desprezo do ser" (p. 204). A última palavra do livro será, pois: O "há" é invencível. Pode-se, deve-se, testemunhar contra a interdição, em favor da ocorrência.

Ainda falta, quanto a essa última palavra, navegar até ela.

Uma atomística linguageira

Já se vai um bom tempo desde que um herói de Samuel Beckett pronunciou que "o que ocorre são palavras". Tal é o ponto de partida de Lyotard: a designação como "frase" de "o-que-ocorre". Por meio desse gesto, Lyotard se dispõe no que ele nomeia "a virada linguageira" dos filósofos ocidentais. Mas, bem entendido, a atualidade histórica é apenas uma oportunidade. Ela não tem valor de legitimação. A regra filosófica buscada por Lyotard não é a conformidade ao espírito da época. Para estabelecer que não cabe remontar para aquém das frases, requer-se um encadeamento argumentativo. Lyotard reencontra, critica e desvia o procedimento cartesiano da evidência. O que resiste absolutamente à dúvida radical não é, como acreditava Descartes, o "Eu penso", mas o "houve essa frase: eu duvido". Toda resistência a se deixar convencer de que houve essa frase não é, ela própria, na medida em que ela se produz, senão uma frase. Ali onde Descartes pensa estabelecer o sujeito da enunciação como última garantia existencial do enunciado Lyotard se apoia nisso: o enunciado ocorreu. O que existe não é, pois, o Eu penso subjacente ao Eu falo, mas antes pelo contrário o Eu (do Eu falo) que é uma inferência (uma instância, a do destinador) do existente-frase, ou mais precisamente: do acontecimento-frase.

A unidade central do Eu se vê assim esvaziada. Não há nenhuma razão, visto que o que existe está na ordem do acontecimento-frase (e não de sua garantia unitária subjacente), de se subtrair à evidência de que há frases, e não uma frase. O que é, assim, inaugural é uma atomística linguageira, em que nada é anterior à multiplicidade das ocorrências de frases, nem sujeito, se o viu, nem mundo, pois o mundo nada mais é do que um sistema de nomes próprios. "Frase" designa logo o Um do múltiplo, o átomo do sentido como acontecimento.

Aqui começa uma analítica austera, da qual somente exponho as arestas.

Que a frase seja o Um absoluto significa tão logo o múltiplo, tanto na ordem do simultâneo quanto na ordem do sucessivo.

No simultâneo, o Um da frase distribui-se em quatro instâncias: "uma frase apresenta aquilo do qual se trata, o caso, *ta pragmata*, que é seu referente; o que é significado do caso, o sentido, *der Sinn*; aquilo a que ou rumo a que isso é significado do caso, o destinatário; isso "pelo" qual ou em nome do qual isso é significado do caso, o destinador" (p. 31). O programa de investigação exige, pois, que se ocupe da apresentação ela própria (capítulo sobre o referente, o que está apresentado, em seguida sobre a apresentação); do sentido (crítica da doutrina especulativo-dialética do sentido no capítulo sobre o resultado); e do par destinador/destinatário (capítulo sobre a obrigação).

No sucessivo, o axioma fundamental é apenas uma frase que ocorre, é preciso encadear. O próprio silêncio é uma frase, que se encadeia sobre a precedente. E, certamente, não há nem primeira frase (salvo nas narrativas de origem) nem última (salvo segundo a angústia do abismo). Esse ponto é tão simples quanto crucial: "que não haja frase é impossível, que haja: *E uma frase* é necessária. É preciso encadear. Isso não é uma obrigação, um *Sollen*, mas uma necessidade, um *Müssen*" (p. 103).

Mas não o é menos, no que tange a essa necessidade, que o modo de encadeamento seja, quanto a ele, contingente: "encadear é necessário, como encadear não o é" (p. 103). A investigação exige, dessa vez, que nos ocupemos do encadeamento das frases. Ora, essa tarefa, por sua vez, é dupla: "é preciso distinguir [...] as regras de formação e de encadeamento que determinam o regime de uma frase, e os modos de encadeamento que derivam dos gêneros de discursos" (p. 198).

O estudo dos regimes de frases é de certo modo sintático. A disposição interna das quatro instâncias do Um de uma frase varia segundo essa frase seja cognitiva, prescritiva, exclamativa, etc. O estudo dos gêneros de discursos é, em sentido contrário, estratégico, pois um gênero de discurso unifica as frases com vistas a um êxito. Ou ainda: o regime de uma frase comanda um modo de apresentação de universo, e esses modos são heterogêneos. Um gênero é fixado por seu engajamento: "um gênero de discurso imprime a uma multiplicidade de frases heterogêneas uma finalidade única por meio de encadeamentos com vistas a fornecer o êxito que é próprio a esse gênero" (p. 188). Esses engajamentos, por sua vez, são heterogêneos. Há, pois, uma multiplicidade qualitativa, a dos regimes, que é intrínseca, porque concerne à sintaxe da apresentação, e a dos gêneros, que, por unificar segundo uma finalidade dos heterogêneos intrínsecos, organiza em torno da questão "como encadear?" uma verdadeira guerra. Pois a contingência do "como encadear?", combinada à necessidade de encadear, manifesta o múltiplo dos gêneros como conflito em torno de toda ocorrência de frase.

Ora, que haja a guerra dos gêneros, isso funda a onipresença da política. Lyotard dá efetivamente um conceito intras-sistemático da política: "A política é a ameaça do diferendo. Ela não é um gênero, é a multiplicidade dos gêneros, a diversidade dos fins e, por excelência, a questão do encadeamento. Ela mergulha na vacuidade na qual 'acontece que...' [A política] é mesmo o ser que não é." (p. 200).

Lyotard, como se vê, não se preocupa tampouco com justificar a política pela sociologia, ou pela economia. Não é do ser-ente (as figuras do laço comunitário) que sustenta a política, pois ela está mergulhada na hiância onde convém e não convém encadear. O ser da política está em nomear o ser-que-não-é, o risco e a indecisão em que rodopia a polêmica dos gêneros.

Virando as costas à antropologização moderna da política, como também à sua economização pós-moderna, Lyotard propõe abruptamente um conceito da política cuja inscrição discursiva, transgenérica, seja, e somente possa ser, ontológica.

Uma ontologia

A ontologia de Lyotard não é autônima, não pertence ao *gênero de discurso ontológico* tal como Lyotard o define: "gênero cuja regra de encadeamento é que a segunda frase deve apresentar a apresentação contida na primeira" (p. 119). Reconhecer-se-ão de passagem Hegel, o início da *Lógica*, o Nada que apresenta a apresentação do Ser e o Devir que apresenta a dissolução apresentativa.

Lyotard não é decerto hegeliano, ou, pelo menos: Lyotard não se conforma a esse Hegel que figura em Lyotard sob a rubrica do resultado, do gênero especulativo. O que é dito do ser não chega a apresentar a apresentação, mas antes a nomear o inapresentável. Tampouco há um discurso sobre o ser, mas uma aforística deportada, incluída nas trajetórias arquipelágicas.

Pontuemos os aforismos do ser:

— A necessidade de que haja: *E uma frase* não é lógica (questão *como?*), mas ontológica (questão *o quê?*) (p. 103).
— Há *há* (p. 114).
— A ocorrência, a frase, como *quê*, que acontece, não deriva de modo algum da questão do tempo, mas da questão do ser/não ser (p. 115).
— *É* não significa nada, designaria a ocorrência "antes" da significação (o conteúdo) da ocorrência [...]. *É* seria antes: *Isso ocorre? [Arrive-t-il ?]*(o *il* francês ali indicando um lugar vazio a ser ocupado por um referente) (p. 120).

E agora, os aforismos do não ser:

— Somada à precedente por *e*, uma frase surge do nada e se encadeia a ela. A parataxe conota assim o abismo de não ser que se abre nas frases, ela insiste na surpresa de que algo comece quando o que é dito é dito (p. 102).
— O que não é apresentado não é. A apresentação comportada por uma frase não é apresentada, ela não é. Ou: o ser não é. Pode-se dizer: uma apresentação comportada quando é apresentada é uma apresentação não comportada, porém situada. Ou: o ser tomado com ente é não ser (p. 118).
— Há necessidade da negação para apresentar a apresentação comportada. Ela não é apresentável senão como ente, ou seja, como não ser. É o que quer dizer a palavra "*Léthé*" (p. 119).
— Os gêneros de discurso são modos de esquecimento do nada e da ocorrência, eles preenchem o vazio entre as frases. É, todavia, esse "nada" que abre a possibilidade das finalidades próprias aos gêneros (p. 200).

Dito em outros termos: do fato de que não haja senão frases resulta que o não ser circunda o ser. Eu digo "circunda", pois há triplo surgimento do não ser.

Primeiramente, na medida em que toda frase apresenta um universo (segundo as quatro instâncias de seu Um), ela não apresenta essa apresentação, que apenas é apresentável numa "segunda" frase, e, pois, em todo rigor, no tempo da própria ocorrência ela não é (pois o que é, é o que a ocorrência comporta de apresentação).

Em segundo lugar, o ser ele próprio não é, pois nenhuma frase é sua ocorrência. O ser não tem identidade apresentável, fraseável, ou ainda: "o ser não é o ser, mas ocorrências de *há*" (p. 200).

Em terceiro lugar, o nada "margeia" cada ocorrência de frase, abismo em que se joga a questão "como encadear?", abismo que é recoberto, obturado, mas jamais anulado, pelo gênero de discurso em que a contingência do modo de encadeamento se apresenta só depois como necessidade.

O "Há" de uma frase, sendo por meio dessa frase infraseável, não é. A fiscalização polêmica da filosofia tenta preservar a ocorrência, o "isso acontece?" tenta, pois, preservar, contra a pretensão unitária de um gênero, a circunscrição do "há" pela triplicidade do não ser. O filósofo é o guardião armado do não ser.

Quem são os inimigos do filósofo? Em filosofia (mas é a não filosofia inerente à filosofia), o gênero especulativo (hegeliano) que, na figura do resultado, pretende dissolver o não ser do ser, explicitar o "há", apresentar a apresentação, expor e, pois, renegar a ocorrência. Em política, é a pregnância do gênero narrativo, que conta a origem e a destinação, que faz "como se a ocorrência, com sua potência de diferendos, pudesse se acabar, como se houvesse uma última palavra" (p. 218).

A política narrativa, em seu apogeu, é o nazismo (o mito ariano). Essa política quer a morte da própria ocorrência, e é por isso que ela quer a morte do judeu, por estar o idioma judeu justamente por excelência sob o signo do "isso acontece?".

Como sutil guerreiro, Lyotard faz o gênero especulativo e a política narrativa se entreatacarem, mostra que esses dois inimigos principais se anulam um ao outro. De que resultado possível Auschwitz seria efetivamente o sinal? O que a odisseia do Espírito absoluto pode ainda encontrar a "exaltar" em Auschwitz? O silêncio em que se fraseia o nazismo resulta de que ele foi abatido, como um cão, mas não foi refutado, não o será, e não será erigido, e não contribuirá jamais a nenhum resultado. Com relação aos massacres nazistas, o que encadeia é um sentimento, não uma frase nem um conceito. Toda frase especulativa passa a faltar. Somente o sentimento denota que uma frase não ocorreu, e, pois, que uma falta [*un tort*],[2] talvez uma falta absoluta,

---

[2] O léxico francês "*tort*", embora possa ser traduzido como "erro" (*avoir tort*: estar equivocado), no contexto da argumentação de Badiou pode ser mais bem traduzido por "falta", no sentido de um erro que não se reduz ao puro engano, posto que ali carrega uma conotação fortemente axiológica. (N.T)

foi cometida. O sentimento em que se anuncia uma frase infraseada é o vigilante da justiça, não no lugar do simples dano, mas no lugar essencial da falta [*tort*].

Mas o que é uma falta [*un tort*]? Distingui-la-emos do dano, que admite a queixa, num idioma comum, determinando um litígio para o qual existe uma potência habilitada de cada lado a decidir por entre as frases. A falta [*le tort*] remete ao diferendo, tal como o dano ao litígio: nada de potência de arbítrio reconhecida, heterogeneidade completa de gêneros, vontade de um dentre eles de ser hegemônico. A falta [*le tort*] não é fraseável no gênero de discurso em que ela deveria se fazer reconhecer. O judeu não é audível pela SS. O operário não dispõe de nenhum lugar onde fazer reconhecer que sua força de trabalho não é uma mercadoria.

A vontade hegemônica de um gênero de discurso pretende necessariamente saber o que é o ser de toda ocorrência. Essa vontade estabelece que o ser-nada é. Ora, justamente (circunscrição do ser pelo não ser), "não se sabe jamais o que o *Ereignis* é. Frase em qual idioma? Em qual regime? A falta [*le tort*] é sempre a de antecipá-lo, ou seja, de interditá-lo" (p. 129).

Produzido por uma redução ao silêncio, a falta [*le tort*] se anuncia por um sentimento: uma frase deveria ter lugar. A ontologia prescreve ao filósofo testemunhar quanto ao ponto de sentimento, na aceitação de um não saber do ser do "há".

Capitalismo, marxismo, política deliberativa

O marxismo não seria o discurso que pretende que seu gênero – seu sucesso – seja de dar voz à falta [*au tort*]? Não é ele a palavra heterogênea das vítimas do Capital? Que pensa hoje Lyotard do marxismo?

Em primeira mão, o marxismo pode parecer não ser mais que uma nefasta convivência da "filosofia" especulativa (como diz Lyotard: "refém da lógica do resultado", p. 227) e da política narrativa ("pureza" do proletariado, mito da reconciliação final). A história ilustra infelizmente, de maneira excessiva, que um certo marxismo dedicou-se efetivamente a interditar a ocorrência, nutrindo-se do amor pelas estruturas e do ódio pelo acontecimento.

Mas as coisas são mais complexas. Lyotard não se aglutina à tropa dos antimarxistas vulgares. Ele acha que o "marxismo não terminou, como sentimento do diferendo" (p. 246). Como Lyotard inscreve esse não fim, onde a discursividade deve ceder lugar ao sentimento?

Há primeiramente a analítica do capital, subsumida pelo que Lyotard nomeia "a hegemonia do gênero econômico" e da qual ele dá uma descrição compacta e convincente. Ele tem razão ao dizer, contra toda metafísica do produtor e do trabalho, que a essência do gênero econômico é a anulação do tempo na figura antecipante da troca: "A frase econômica de cessão não espera a frase de quitação (contracessão), ela a pressupõe" (p. 249). O gênero econômico (o capital) organiza a indiferença ao "há", à pontualidade heterogênea, visto que tudo que advém tem sua razão num saldo contável nulo por vir. O gênero econômico "escamoteia a ocorrência, o acontecimento, a maravilha, a espera de uma comunidade de sentimento" (p. 255).

É por excelência sob a hegemonia do gênero econômico que nada tem lugar a não ser o lugar.

Caberia pelo menos reconhecer que essa interdição das maravilhas – que tem o mérito de rejeitar as narrativas de origem – empenha uma política "pluralista" e protege nossas liberdades? É hoje, como se sabe, a tese comum e mesmo, se nos ativermos aos fatos, a tese quase universal: a lei do mercado e a tirania do valor de troca não são decerto admiráveis, mas a política parlamentar, delas indissociável, é a menos pior de todas.

Lyotard não fala explicitamente nem de pluralismo, nem de parlamentos, nem de liberdades civis. O democratismo não é seu valor axial. Sua via consiste em reunir as determinações da política moderna sob o conceito único de *forma deliberativa da política*, forma cuja origem é grega e cuja particularidade é deixar vazio o centro político, dessubstancializar a frase do poder. A esse respeito, sim, é possível dizer que "o deliberativo é um agenciamento de gêneros, e isso basta para deixar brotar nele a ocorrência e os diferendos" (p. 217).

Mas ainda assim, eis uma demonstração capital: não apenas a forma deliberativa da política não é homogênea ao capitalismo, como também lhe é obstáculo. Citemos a passagem integralmente, para aqueles que se sentem tentados a imaginar um Lyotard em vias de cooptação – em razão, mas é sempre o caso, de democratismo – com a ordem econômico-política do Ocidente:

> Assim o gênero econômico do capital não exige de modo algum o agenciamento político deliberativo, que admite a heterogeneidade

dos gêneros de discurso. Antes pelo contrário: ele exige sua supressão. Ele o tolera apenas na medida em que o laço social não se encontre (ainda) inteiramente assimilado à única frase econômica (cessão e contracessão). Se um dia for o caso, a instituição política será supérflua, como já o são as narrativas e as tradições nacionais. Ora, na falta do agenciamento deliberativo em que a multiplicidade dos gêneros e de seus fins respectivos possa em princípio se exprimir, como a Ideia de uma humanidade, não mais senhora de "seus" fins (ilusão metafísica), mas sensível aos fins heterogêneos implicados nos diversos gêneros de discurso conhecidos e desconhecidos, e capaz de persegui-los tanto quanto possível, poderia ela se manter? E, sem essa Ideia, como uma história universal da humanidade seria possível? (p. 256).

É, pois, ainda e sempre contra o capital, em nome do diferendo do qual o marxismo conota o sentimento, que se trata de salvar a ideia de uma humanidade engajada nas vias do múltiplo.

A política deliberativa permanece, para Lyotard, um ideal polêmico. Ela não é atingida, mas ameaçada de morte, pela "liberdade" inerente ao gênero econômico. A filosofia não deixou de ser militante. E a esperança está fundada, já que o diferendo renasce incessantemente, já que "o *isso acontece?* é invencível frente a toda vontade de ganhar tempo" (p. 260).

Sete pontuações

1. As metáforas que apresentam o tema do diferendo no livro de Lyotard são de natureza jurídica: litígio, dano, falta, vítima, tribunal... Qual é a pressuposição (kantiana?) circunscrita nesse aparelho? Uma vez crítica, a filosofia estaria assim obrigada a se frasear na proximidade do direito?

Proponho que haja duas espécies de procedimento filosófico, duas maneiras de ser fiel à diretiva de ter de buscar sua regra sem conhecê-la. Aquela cujo paradigma é jurídico, e a outra cujo paradigma é matemático. Naturalmente, deixo de lado o gênero especulativo.

Estaria Lyotard preso no grande retorno do direito? Os Direitos do Homem? E isso ainda que, de forma coerente, ele estabeleça que à expressão "direitos do homem", inapropriada em seus dois termos, caberia substituir: "autoridade do infinito" (p. 54).

Não se poderia dizê-lo melhor. Mas, fora do paradigma matemático, "infinito" é um significante errático. Quanto ao direito, ele se encontra literalmente determinado pelo seu ódio da infinitude.

2. Eu diria mais: a gravidade da metáfora jurídica se estende à definição, por parte de Lyotard, do conhecimento (das frases do gênero cognitivo). Tudo se joga para ele na questão do referente, como para o juiz, especialmente para o juiz inglês, que visa estabelecer de modo regulado a qual fato são assinaláveis os enunciados das partes. É com o auxílio do critério referencial ("o real") que Lyotard distingue o gênero cognitivo do gênero puramente lógico: "a questão cognitiva é a de saber se a conexão dos signos com a qual lidamos (a expressão que é um dos casos aos quais se aplicam as condições de verdade) possibilita ou não que referentes reais correspondam a essa expressão" (p. 83).

Eu digo que as frases matemáticas tomadas isoladamente – mas, em minha opinião, todas as frases nas quais o que está efetivamente em jogo é a verdade – falsificam essa definição do cognitivo. O que faz o "Há" do pensamento matemático não se governa sobre nenhum procedimento de estabelecimento de um referente real. E, todavia, não somos remetidos à pura "verdade possível" da forma lógica. A epistemologia de Lyotard permanece crítica (jurídica). Ela não tem a radicalidade de sua ontologia. Ela não se orienta pelo bom paradigma.

3. Uma injustiça se comete nesse livro a respeito do paradigma matemático, que é reduzi-lo ao gênero lógico. A filiação é aqui de Frege, de Russell, de Wittgenstein. No que me concerne, eu afirmo que o gênero matemático seguramente não é redutível ao lógico, no sentido em que se diz desse último que "se uma proposição é necessária, ela não tem sentido" (p. 84). Reconhece-se o que se pode certamente chamar de leviandades, recorrentes, de Wittgenstein. É evidente que as proposições matemáticas têm sentido, e isso é tanto mais evidente que elas são necessárias. A tentativa de ali só ver jogos de palavras regulados e livres já deu o que falar e nunca foi mais, no final das contas, do que uma provocação inconsistente.

Gostaria de frasear o sentimento que me inspira a injustiça feita às matemáticas pela hegemonia postulada, sobre elas, do gênero lógico. Direi somente isso que, para mim, em proximidade com as teses de Albert Lautman,[3] as matemáticas, em sua história, são a ciência do ser como ser, ou seja, do ser como ele não é, a ciência da apresentação inapresentável. Eu o provarei um dia.

4. Infere-se dali que não se encontra inteiramente fundado nesse livro que a frase seja o Um da ocorrência – ou que dele seja o nome apropriado. A crítica do gênero especulativo, exclusivamente centrada sobre o tema do resultado, perde de vista a essência do propósito dialético, que é o primado não aritmético do Dois sobre o Um, a lógica da cisão como forma da própria ocorrência. Estabelecê-la-emos sobre o paradigma matemático, desde que sua necessidade seja de nomear e de fazer consistir o ser puro como cisão existencial do nada e do nome – por exemplo: "o conjunto (nome) vazio (nada) existe".

Ou ainda: no conhecimento verdadeiro, não há caso, há um duplo. É o que a disposição jurídica, que exige o caso, proíbe perceber.

5. Que a ocorrência possa ser Dois permite responder de modo distinto do que propõe Lyotard (ou seja, negativamente) à questão que ele se coloca: "há frases ou gêneros fortes, e outros fracos?" (p. 227). Do ponto de vista da política ou da filosofia, que não são exatamente dois gêneros, a ocorrência, captável em seu Dois, é qualificável segundo sua força proporcionalmente ao que ela desregula no gênero hegemônico que se esforça para contá-la por Um. Para a política e para a filosofia, justamente porque sua vocação é a vigilância da ocorrência, a atenção dada à abertura do "isso acontece?", não há igualdade das ocorrências. É um sério diferendo para com *Le Différend*. Proponho que o que um acontecimento destrói de um gênero em que ele se encontra fraseado (dali se necessita que ele seja dois, inscrito e ex-crito) mede a potência da cisão, a singularidade da ocorrência. "O que ele destrói" quer dizer: o desfuncionamento da capacidade que tem o gênero de contar o Dois por Um, de antecipar o saldo da cisão genérica.

6. Dali ainda decorre que a polêmica de Lyotard contra o sujeito (hegeliano), o *Selbst*, o si mesmo, cuja história moderna instrui a fissão, é incompleta. Ela somente atinge o sujeito da especulação, o *télos* do resultado, a interioridade totalizante. Mas "sujeito" hoje designa

---

[3] Cf. LAUTMANN, A. *Essai sur l'unité des mathématiques*. Paris: 10/18, 1977.

uma coisa inteiramente outra. Para ir rápido: um sujeito, ou seja, um processo-sujeito, é o que mantém separado o Dois da ocorrência, o que insiste no intervalo dos acontecimentos. Um sujeito se deduz de todo desfuncionamento da conta-por-Um do acontecimento. Tal sujeito não convoca nenhum todo nem necessita da linguagem (como ser) para ser. Lyotard exclui, com razão, que haja: a linguagem. Mas do mesmo modo Lacan o exclui, porque para ele o que ek-siste não é a linguagem, é a língua, não-toda. E para mim a história tampouco existe, somente a historicidade, ou a duplicidade dos acontecimentos faz sintoma para um sujeito evanescido.

7. E, por conseguinte, desde o século XIX, pode-se nomear proletariado a série dos acontecimentos singulares que a política indica como heterogêneos ao capital. Objeta-se que não há lugar para se conservar esse nome, "proletariado". Eu digo que há tampouco lugar de que não tenha lugar. A verdade é a seguinte: fez-se, injustamente, funcionar "proletariado" como um nome jurídico-histórico, o sujeito da responsabilidade na história. Mas o proletariado é um conceito matemático-político, sempre o foi, tanto mais que ele remetia a procedimentos efetuáveis. O sujeito ali é o do intervalo e do excesso, numa história que in-existe, e uma dispersão arquipelágica de-generada. Se o nome te incomoda, tome o de capacidade política, comunista, ou heterogêneo, ou da não dominação, tudo que queira: tratar-se-á sempre da colocação em estratégia, aqui e agora, num discurso a genérico, do que se nos impõe, por sentimento, de fidelidade a uma série acontecimentual. A política retorna sempre a descobrir que a fidelidade é o contrário da repetição.

Ter-se-á compreendido que meu diferendo com *Le Différend* se situa no ponto de onde eu pronuncio que se, para mim, Jean-François Lyotard, o filósofo, mira exageradamente o deserto de areia do múltiplo, todavia há que se convir que "a sombra de um grande pássaro lhe passa sobre a face".

Françoise Proust

O tom da história[1]

---
[1] Em torno de PROUST, Françoise. *Kant, le ton de l'histoire*, Paris: Payot, 1991.

No início dos anos 1980, eu havia formado o projeto de manter uma rubrica permanente na revista Les Temps Modernes, *destinada justamente às publicações filosóficas contemporâneas a meus olhos mais inovadoras e importantes. Isso não durou mais do que três ou quatro artigos. O artigo sobre Françoise Proust tocava-me profundamente. Seu pensamento da resistência se nutria de suas próprias dificuldades, singularmente da doença que terminou por levá-la, mas ela a inscrevia numa espécie de tempo abstrato absolutamente original, cuja fonte, para mim estranha, era sua constante meditação sobre Kant. Ela comungava comigo da convicção de que a chave da história reside menos na continuidade das estruturas do que na pulsação acontecimentual das descontinuidades. Sua morte nos privou a todos de um pensamento novo em pleno desenvolvimento.*

Sem dúvida esse livro apresenta de saída a singularidade de um tom. Ao tom, à tonalidade da história tais que, na esteira de Kant, Françoise Proust empreende restituí-los, combina-se na escrita uma espécie de vivacidade metafórica, compatível, todavia, com uma insistente *gravidade*.

Ao comentar o sublime como incidência de um insensível no próprio coração do sensível, Françoise Proust descreve "o movimento pelo qual a natureza se vê levada numa espécie de deslocamento imóvel [...], esse movimento pelo qual um dado é arrebatado, erguido, soprado por um indeterminado que não se apresenta e que, no entanto, é força eficiente, potência irresistível, liberdade". Gostaríamos que a prosa de

Françoise Proust *fizesse justiça* ao sublime: há nesse livro algo de arrebatador, seu deslocamento é perceptível.

Mas também o paradoxo de uma imobilidade, de uma duração que fazem vir o insensível no que poderia ser um *páthos*. Pois o arrebatamento é cortado pelo gume formular, por teses arriscadas que se mantêm em equilíbrio por sobre o rigor movimentado da análise, como na crista de uma onda do pensamento.

Consideremos, por exemplo, essa forte definição da história: "a história é a coleção ou a recoleção das experiências sublimes da liberdade".

Quase tudo se dá ali: que a história não é, não pode ser a gravidade no longo curso das estruturas e das leis. E que a liberdade não é uma faculdade, uma disposição, um nada alojado no ser, mas sempre a singularidade de uma experiência.

O que convém chamar de "história" está na figura do acontecimento, e não naquela da totalidade racional. A história se constitui na imposição de uma descontinuidade. E ela fornece a unicidade aleatória de um sujeito. Esse nó da insurreição acontecimental, dessa batida descontínua e do sujeito livre como advento singular, Françoise Proust propõe-se estabelecer como e sob quais condições podemos ali ser prendidos, ou seja, *sur-preendidos*.

E, de saída, o que é que *começa*, como "isso" começa, o ser-livre na (ou pela) história? Françoise Proust escreve: "Começar é um *declarativo*: 'eu começo'. Ele não enuncia nem o objeto nem o modo de sua operação. A decisão não precede a ação. Eu ouso, saio (do recinto, da série), rompo (com o curso da natureza), começo". Essa atribuição do começo à declaração é de um grande vigor político. Eu aprovo que Françoise Proust coloque a declaração, o ousar-declarar, onde a decisão e a ação são indiscerníveis, no princípio de toda ruptura histórica. A política "histórica", assim concebida, não é transitiva com relação ao objeto e às leis de seu conhecimento. Mais que isso: ela exige uma de-posição do objeto, da objetividade. A força dessa convicção é de arrancar a decisão política de toda dialética do subjetivo e do objetivo. Não, não se trata de fazer agir uma consciência do que há, de mudar a necessidade, por reflexão ou operação, em liberdade. Nenhuma passagem do em-si ao para-si. O começo, sua injunção acontecimental, é pura declaração. No que Françoise Proust se coloca de acordo – *horresco referens!* – com Mao, para quem a máxima subjetiva da política, independentemente das gravidades da "relação de forças" e de sua interiorização prudente, era, em seus próprios termos: "ousar lutar".

É claro que toda essa visão da história se encontra apensa ao conceito de acontecimento, que, no vocabulário tomado de empréstimo a Kant, encontra-se em reciprocidade com o sublime. O que dizer do sublime? As máximas de Françoise Proust são de uma grave limpidez: "O sublime é esse algo que *na* coisa descoisifica a coisa". Ou ainda: "O sublime é o inaparente do aparecer, o ponto de invisível no visível".

Conviremos efetivamente que o acontecimento, se não é um puro "fato", se não se encontra cativo da legislação objetivante, deve aparecer sob uma derrogação da lei do aparecer. Ele é, o acontecimento, o que aparece no momento mesmo em que o aparecer não está em disposição de acolhimento para uma tal aparição. É, pois, legítimo afirmar que a visibilidade do acontecimento é indiscernível de uma invisibilidade, visto que ele não é apropriado às leis da visibilidade.

Notar-se-á, não obstante, que a insistência de Françoise Proust em sublinhar que o inaparente está *no* aparecer, que a não coisa é inerente à coisa, que o invisível é um ponto do visível, deixa em aberto a possibilidade de que o acontecimento nos desvele o fundo – ou o real – do aparecer, da coisa ou do visível. Ou ainda que o acontecimento seja a defecção do *ligado* do objeto, defecção através da qual nos é dado a ver seu ser inaparente. É a razão pela qual eu prefiro falar do acontecimento como um *suplemento*. E é, decerto, preciso conservar o desligamento, a deposição de toda figura ligada da objetividade. Mas não no sentido em que teríamos ali uma prova de um *avesso* da visibilidade ligada, do aparecer regrado. Menos ainda a prova de seu ser, como se o inaparente fosse o "coração" do aparecer. No sentido somente em que, de maneira puramente casual, dá-se o que há de ultravisível, de indiscernível entre o visível e o invisível, que chega à situação "objetiva" ou às leis da objetividade, como um excesso incalculável, ao mesmo tempo separado, supranumerário e evanescente.

Mas é preciso convir que as imagens com as quais Françoise Proust termina seu livro vão nesse sentido. Citemos esta bela passagem:

> A história não é solar (diurna), mas estrelada (noturna). Os acontecimentos brilham no céu estrelado da história. Puros brilhos de luz, eles são sempre já passados, sempre já desaparecidos, e não revivem senão quando a história se desperta de seu sonho dogmático. Então, eles cintilam e piscam, enviam algumas notas

para indicar que começos e auroras são sempre possíveis e que a história vela sobre eles.

Eu retenho dessas linhas quatro temas com os quais estou profundamente de acordo.

a) O estrelar faz-me pensar em Mallarmé, pensador capital do "surgir" puro, da indecidibilidade do acontecimento. Ele também, em exceção quanto à obscura hipótese de que nada tem lugar a não ser o lugar, inscreve "sobre uma superfície vacante e superior", exceção reservada ao tempo empírico (e é essa exceção que Françoise Proust chama de história), uma Constelação, "fria de esquecimento e de obsolescência". É verdade que o estrelar acontecimentual, descontínuo e múltiplo, é como a reserva imóvel desde onde se nomeia tudo que *começará* novamente.

b) O "sempre-já-desaparecido" nota com precisão que o acontecimento não tem duração intrínseca mensurável. Que ele suplemente o aparecer se atém a que ele seja sempre um desaparecer.

c) Todavia, esse desaparecer não é tal que se trate de uma perda definitiva. A estrela figura aqui, em sua reserva, o *traço* disponível de uma véspera da história. Ela é no seu "ter-lugar" o que um novo despertar requer e percebe para encorajar seu começo novo.

d) E assim, de um acontecimento a um outro, e mesmo de todos acontecimentos a um só, há uma tessitura de despertar singulares, uma conivência de tudo que teve seu ser num desaparecer excessivo. É o que eu mesmo chamei de a "recorrência acontecimentual".

É que Françoise Proust atém-se com pertinência ao que, no desaparecer acontecimentual, é, todavia, integralmente *afirmativo*: "cada acontecimento faz elevar, por sua potência de atualidade, a ideia de um mundo, ou seja, apresenta, no tempo e espaço de seu advento, a miragem de uma coexistência máxima de singularidades ou de liberdades".

De fato, esse ponto é de grande complexidade. Compreende-se claramente que o acontecimento não é uma simples ruptura esquecida ou um fechamento-de-si, mas que fornece uma *outra situação*. Trata-se de fato de uma outra situação, ou de uma "miragem", de uma simples "Ideia"? É todo o problema. Françoise Proust admite que se trata de um *aumento de liberdade*, à guisa de um "máximo". É nisso que existe mesmo, no acontecimento, uma potência radical de afirmação. Não obstante, para Françoise Proust, o que é assim apresentado somente o é no tempo do advento acontecimentual. E como esse tempo é o de um "para-sempredesaparecido", cabe certamente dizer que a afirmação retida pelo acontecimento é ao mesmo tempo integral e instantânea: "não existe eternidade ou realização histórica, há somente instantes de eternidade, instantes de história".

Não se pode dizer, então, que o acontecimento, como levante Ideal, não mais é do que a fulguração de uma promessa? Ao que eu oporia que, em seu próprio desaparecer, o acontecimento lega o imperativo do *tecimento* de uma verdade.

Françoise Proust declara: "Uma experiência pública da liberdade não constitui um dos momentos de um processo de liberação histórica, ela vale por si própria". Isso é correto e consoa com a crítica, por parte de Lyotard, da filosofia do "resultado". Mas o que vem a ser, exatamente, sob a condição supranumerária radical de um acontecimento, uma "experiência pública da liberdade"? Françoise Proust parece reduzi-la ao próprio acontecimento, e pois a um instante ekstático, ou eterno. Eu pensaria antes que o próprio acontecimento, precisamente porque todo o seu ser está no desaparecer, não se encontra em jogo em nenhuma experiência. A experiência diz respeito ao trabalho-em-situação do traçado pós-acontecimentual, o trabalho do traço nominal onde perdura, eternamente abrigado por seu nome, o levante desvanecido. E o que chamo de singularidade de uma verdade, que é o labor temerário, devir improvável do que "terá lugar" se supomos a situação integralmente *afetada* pelo acontecimento desaparecido. Ou, para permanecer mais próximo do léxico kantiano de Françoise Proust, se nos encontramos em percurso da situação *como se a Ideia legada pelo acontecimento ali fizesse suplemento*. Somente isso, eu creio, configura uma experiência.

É sem dúvida a partir dali que se organizam as questões que se endereçam a esse belíssimo livro.

Françoise Proust não faz quase nenhuma concessão às opiniões correntes. Espanta, pois, vê-la tão facilmente partilhar daquela que pretende que a história do século XX seja "catastrófica". Longe de mim a ideia de que essa história seja radiante! Mas eu direi que, como qualquer outro século, o nosso distribui consternantes horrores estáticos e potentes levantes acontecimentuais dos quais procedem intensas e duráveis experiências de liberdade. O sublime ali é recorrente: Outubro de 1917, a guerra popular chinesa, as resistências, Gdansk em 1980, os anos 1967-1972, quase por todo lado... Se a história é acontecimentual, é desse ponto que cabe "julgar" um século, e não por meio da recorrência única às descrições do horror uniforme.

Mas, talvez, a dificuldade se liga ao fato de que, ao reduzir a história a alguns instantes de eternidade, Françoise Proust se confronta com dificuldades quando se trata de qualificar a política. O que é um acontecimento *político*? Françoise Proust dirá: "A república, o público, é o único problema com o qual devem se afrontar as experiências políticas".

Vejo claramente que se trata de encontrar outra orientação do pensamento, distinta das que remetem a política ora à analítica do social (emparelhamento do Estado e da sociedade), ora à metafísica da comunidade. A política não é nem a composição das forças sociais nem a proteção do Eu numa totalidade orgânica. Françoise Proust propõe, para designar a dimensão coletiva (pública) da política, o termo "aliança". A aliança é a difusão local, "comunidade" fragmentar a-substancial, fundada sobre o reconhecimento determinado de um acordo. Trata-se, em política, de "tecer fragmentos ou ilhotas de acordo".

A vontade de Françoise Proust de substituir o pertencimento pelo acordo, e o global pelo local ou fragmentário, parece-me inteiramente acertada. Mas ainda assim insuficiente por apenas chegar à questão política.

Minha convicção é de que designar filosoficamente a política, num pensamento que a ajusta não à História social massiva, mas tão somente à precariedade acontecimentual, requer que sejam considerados:

– O traçado da aliança (para empregar o termo de Françoise Proust) *em sua subtração à forma do Estado*. Uma política pós-acontecimentual é a experiência de uma liberdade fragmentar não mais prescrita pelo Estado nem ordenada pela gestão de sua potência. O acontecimento é também e sempre isto: um distanciamento do Estado, uma medida tomada e assumida ao mesmo tempo de sua potência exata e da Ideia de sua abolição.

– A singularidade declarativa do acordo, que o reata ao acontecimento *na forma de uma prescrição*. Digamos igualmente: que todo acordo seja *militante*.

– A revelação do caráter infinito das situações coletivas.

Esse último ponto é crucial e engaja sem dúvida uma discussão com Françoise Proust acerca do infinito.

Françoise Proust rejeita explicitamente – no que, ao que me parece, ela se mostra efetivamente mais rigorosa que muitos intérpretes – a ideia segundo a qual o sublime kantiano sinalizaria, no acontecimento, a vinda do infinito. Não, o sublime não é o afeto do infinito, ou o dilaceramento infinito do tempo da finitude. Françoise Proust escreve vigorosamente: "O sublime não é o infinito". Ou ainda: "O sublime não é o tempo infinito ou o tempo *do* infinito. É, pelo contrário, o tempo do finito, do desde sempre já findo". Onde se nota que "finito" se joga entre seus dois sentidos possíveis: cesura finita do tempo ou tempo desde sempre já tomado em seu fim.

Ora, parece-me que a questão é mais intrincada. Para tudo dizer, atenho-me ao fato de que um pensamento *completo* do acontecimento não é compatível com uma filosofia da finitude.

Decerto, convir-se-á com Françoise Proust que o acontecimento não é de modo algum o advento "mundano" de uma infinidade suprassensível. É preciso combater essa visão do sublime que, sub-repticiamente, cristianiza-o. Não é verdade que o paradigma de todo acontecimento seja a descida crística do infinito no aparecer da finitude. Não é nem mesmo verdade que um acontecimento seja o símbolo finito de uma tal descida. Digamos que um acontecimento, pensado como suplementação arriscada de uma situação qualquer – ou, no léxico de Françoise Proust, como cesura silenciosa –, seja uma simples multiplicidade finita. E Françoise Proust tem toda razão de sublinhar, é o sentido de seu "sempre já findo", que a dimensão *evanescente* dessa multiplicidade finita disso faz uma espécie de emblema do finito, um atestado da finitude como fim.

Mas, para ir até o fim nessa via, cabe enfatizar que o infinito nada mais é que o próprio de *isso que é*, a banalidade não acontecimental por excelência, o que precisamente não necessita de nenhum acontecimento para estar imediatamente atestado. Ou, em minha linguagem, que toda *situação* é infinita. Apenas isso conclui a laicização do infinito. Daí resulta que a suplementação acontecimental opera "localmente" (ou segundo uma proposição finita) em relação a uma infinitude ordinária. O extra-ordinário é finito disso que o ordinário é infinito.

E, aliás, o desaparecimento *traçado* (ou nomeado) do acontecimento, o estigma imanente de sua abolição, convoca, por sua vez, o devir arriscado de uma fidelidade por direito infinita, pela simples razão de que o devir – o que eu chamo de processo de uma verdade – não poderia ter limitação interna: ele "trabalha" numa situação que, como qualquer outra, é infinita. E, decerto, a infinidade de uma fidelidade ao acontecimento distingue-se da infinidade da situação, nisso que a segunda trama multiplicidades predicáveis, classificadas, estatizadas; ao passo que a primeira, a que "terá sido" em sua infinidade interminável, o que eu nomeio "verdade", é impredicável, não circunscrita, subtraída da *construção* estática da situação. Eis por que eu digo que ela é uma infinidade *genérica*.

Mas, no fim das contas, o pensamento integral da finitude acontecimentual supõe que se a localize *entre dois infinitos*. No mais, ela só é, com efeito, desde-sempre-já-desaparecida, na convocação anulada do vazio desse "entre", ou desse antro: o antro da verdade como o que está por-vir. Pois essa infinitude não se deixa retroativamente pensar senão entre a infinitude ordinária da situação e a infinidade genérica de uma verdade.

Dir-se-á, então, o que é o finito, ou o evanescer próprio dessa infinidade genérica? Quero dizer: o que é que, "no" labor infinito de uma verdade, sinaliza que o que a inicia – a finitude acontecimentual – é uma multiplicidade evanescente? A finitude evanescente da qual se compõe uma verdade genérica, eu a nomeio um *sujeito*. De sorte que todo sujeito supõe um acontecimento. É, então, que me parece que – e é, creio eu, o tributo pago a Kant e à lógica transcendental –, para Françoise Proust, todo acontecimento supõe um sujeito.

Essa questão é sem sombra de dúvidas complexa. É preciso antes reconhecer a Françoise Proust o mérito de procurar "ler" a possibilidade de um pensamento do acontecimento, não somente – o que se tornou um lugar comum desses últimos anos – na *Crítica do juízo* e na analítica do sublime, porém, mais radicalmente, na *Crítica da razão pura*. É uma das vias pelas quais ela se opõe, acertadamente, às exegeses "moles" da política kantiana, a tudo que busca acomodar-se ao democratismo ambiente. Digamos que ao fazê-lo ela encarna, no conflito das leituras de Kant, ao qual se resume cada vez mais a "filosofia política" atual, uma via abrupta, em que J.-F. Lyotard a precede (não sem hesitação), e que contradiz tudo que proveio de Hannah Arendt. Se é absolutamente necessário passar por Kant – coisa da qual, por minha parte, não estou de modo algum convencido –, sustentar-se-á com firmeza que a única via legítima hoje é aquela que encontra no texto de Kant [elementos] para contradizer o conceito arendtiano do juízo político, e da política como "estar-juntos", cujo engajamento seria o conflito razoável das opiniões. A essa política do espectador Françoise Proust opõe a das singularidades incalculáveis e afasta a proposta insípida da paz conflitual das opiniões. E é certo que, para fazê-lo, ela "remonta" até a raiz da dificuldade: o acontecimento, a cesura, a origem do que faz lampejo cintilante no tecido do andar do mundo e nos convoca *algumas vezes* à liberdade.

O que Françoise Proust solicita à *Crítica da razão pura* é fundar de maneira universal a "receptividade" do acontecimento. Ela evidencia que aquém da atividade do conhecer há "um poder de ser afetado". Existe uma passividade originária ou transcendental que é *"archè"*, princípio, em relação à atividade do conhecer tal como ela se dá na configuração dos julgamentos. Há a estética transcendental e suas formas (espaço e tempo), há a analítica transcendental e suas categorias (causalidade, etc.), porém, mais radicalmente, há uma *patética transcendental*. Como dirá Françoise Proust: "O que está em primeiro lugar é um golpe que afeta".

Essa receptividade primeira do sujeito transcendental, Françoise Proust a mobiliza para pensar a "cunhagem" do acontecimento, para garantir o seu endereçamento: "Um acontecimento da liberdade não é um produto de seu livre arbítrio, não é um efeito de sua vontade; é o que vem, o que chega e *nos* afeta, o que começa e promete".

Perguntaremos, então: quem é esse "nós" anterior ao impacto acontecimentual, e *para quem* há promessa? Qual é essa faculdade passiva que de certo modo – é, ainda assim, a função de todo campo transcendental, que ele seja passivo ou ativo – *garante* que o acontecimento "afete" universalmente o sujeito?

É, todavia, empiricamente claro que o acontecimento somente afeta universalmente seu suposto "sujeito". A recoleção nominal de seu desvanecimento não se inscreve na situação senão ao preço de uma aposta arriscada, e é precisamente *a partir* de uma tal aposta que algum efeito de sujeito se deixa acontecimentualmente discernir. Quanto à universalidade, longe de remeter a uma *estrutura* transcendental da passividade, ela resulta retroativamente de um *processo*, aquele de uma verdade genérica que *terá validado* na situação que ela foi suplementada por um acontecimento real. A única coisa que cabe supor é que uma verdade se deixa reconhecer, ou se mostrar como tal, e essa suposição cabe ao axioma sem o qual a filosofia não existe: há pensamento.

Supor, em sentido contrário, que haja uma "garantia" transcendental para o reconhecimento do acontecimento seria, no meu entender, debilitar gravemente o traço constitutivo do acontecimento: sua indecidibilidade, ou sua subtração a todas as regras de receptividade que operam na situação. A surpresa do acontecimento liga-se precisamente a isso que nenhuma estrutura passiva possa acolhê-lo. E que nenhum sujeito, nenhum "nós" pré-exista aos efeitos de seu desaparecimento.

É preciso, pois, ir mais além de Françoise Proust na via da surpresa, da precariedade, do indecidível. O sujeito, que se encontra a jusante do acontecimento, não está "ligado" a ele por uma cunhagem primeira, um entalhe (eu penso nessa bela frase: "Essa espécie de aliança que liga um sujeito com o que o terá entalhado, marcado, cavado e, ao mesmo tempo, elevado"). Muito simplesmente porque um sujeito *não existe*, nem mesmo como passividade pura, anteriormente à suplementação acontecimental. É somente sob a condição de uma suplementação que advém à situação a singularidade de um sujeito.

Mas é preciso também ir mais além de Françoise Proust na direção contrária: não, o acontecimento não se reduz a uma cesura sobre a qual velam, como estrelas, os acontecimentos anteriores. Ele é, ao contrário, propriamente *revelado* do ponto da consistência não estática de uma verdade genérica. E *essa* verdade, por sua vez, deixa-se reconhecer como o que é ao mesmo tempo a matéria infinita de todo sujeito finito e como isso a propósito do que o pensamento existe.

De sorte que se poderia dizer que Françoise Proust – talvez isso seja seu próprio *páthos* e, pois, também a fonte de seu vigor – consente em demasia e demasiadamente pouco.

Ela consente em demasia supondo a "preparação" transcendental do acontecimento num suposto sujeito passivo. É uma universalidade de bom tamanho.

Ela concede demasiadamente pouco ao reduzir o acontecimento ao levante finito. Não é abrir caminho ao pensamento de uma correlação orgânica entre a surpresa indecidível do acontecimento e a constituição reconhecível de uma verdade. Poder-se-ia igualmente dizer: Françoise Proust vê bem que o acontecimento "finda" um tempo. Ela não vê com toda clareza como ele disso funda um outro. E como, ao fazê-lo, seu desaparecimento labora na situação *a distância imanente* entre a infinitude banal da situação e a infinitude genérica de uma verdade. Mas estou sendo injusto, como sempre se é. Pois Françoise Proust diz bem que, em sua temporalidade paradoxal, o acontecimento é uma "perfuração entre um ainda-não e um já-é-demais". Basta acrescentar que o acontecimento é *também* iniciação de um processo de verdade que, por sua vez, procede como perfuração entre um já-é-demais (o da finitude acontecimental) e um ainda-não (o da infinitude genérica).

Jean-Luc Nancy
A oferenda reservada

Em janeiro de 2002, o Colégio Internacional de Filosofia organizou uma homenagem a Jean-Luc Nancy, à qual eu me liguei sem hesitação. Era para mim uma ocasião de me expressar sobre um filósofo que era também um amigo. Ver-se-á certamente, no texto que se segue, brotar-se por vezes a convicção de que o que nos separa permanece ainda assim muito importante. Após minha intervenção, ele veio me encontrar, risonho e afetuoso como sempre, mas também perplexo: não o teria eu, de certo modo, castrado (foi seu termo)? Bem recentemente, tivemos, meio publicamente, meio privativamente, vivas querelas, em primeiro lugar a propósito da intervenção franco-inglesa na Líbia (ele a defendeu em seu princípio, e eu a condenei vigorosamente), em seguida, de modo mais geral, e ainda não clarificado, a propósito do estado do mundo e do que convém que se faça a respeito. Como pano de fundo, permanece, sem dúvida, uma cesura de caráter ontológico.

A posição singular de Jean-Luc Nancy entre nós – por "nós" quero dizer a acrimoniosa e selvagem corporação dos filósofos – resume-se a isto: ninguém pode razoavelmente dizer ou pensar mal dele. Numa só palavra: nesse meio onde a indiferença hostil ao colega é a regra, Jean-Luc Nancy faz duplamente exceção. Primeiramente, porque ele é equânime e firmemente sereno com relação a quem quer que seja. Em seguida, porque todos gostam dele.

Eu me perguntei por um instante se a única possibilidade de ser original, a via sombria da justiça, ao mesmo tempo que a tarefa mais ingrata e mais difícil, não seria tentar falar mal desse homem incontestado, inventar a seu respeito as formas do que se chama maleficência. Jean-Luc Nancy nomeia efetivamente de maleficência, distintamente do Mal acidental dos clássicos, o Mal essencial do qual nosso século é suposto por toda parte ter inventado a experiência. Qual seja, eu o cito, o "desencadeamento contra si próprio" da existência, ou "uma compreensão da existência como essência", logo pois como "destruição da existência" (*Une Pensée finie* [Um pensamento finito],[1] doravante notado por *PF*, p. 33). O insensato, que não é somente ruína do sentido dado, mas que, mais gravemente, "fecha todo acesso à necessidade do sentido". Teria eu a potência de ser, com relação a Jean-Luc Nancy, não severo ou crítico, o que é evidente, coisa que ele próprio é regularmente, mas maléfico? De querer, o que se chama querer, não discuti-lo ou refutar sua posição espiritual, mas destituí-lo? Obscurecer sua aura, enfear sua bela alma, tratar com selvajaria tudo que sua retidão significa de civilização intelectual?

Pois bem, eu não consegui de modo algum; eu fracassei completamente nessa direção. Ser maléfico com Jean-Luc Nancy, nem em sonho. Eu não me creio nem mesmo capaz de empregar a seu respeito as vivazes palavras que ele utiliza para estigmatizar os modos do tempo. E, contudo!, Eu leio, por exemplo, isso:

> Se há pensamento, é porque há sentido, e é segundo o sentido que a cada vez dá e se dá a pensar. Mas há também a inteligência, ou pior, a intelectualidade: essas são capazes de se dedicar a seus exercícios como se, antes e exclusivamente, não se tratasse do sentido. Essa covardia ou essa preguiça estão sempre muito espalhadas (*PF*, p. 11).

"Preguiça" e "covardia", isso não é à toa, não é terno. E se eu sei, absolutamente, que Jean-Luc Nancy não pensa em mim, posso, de minha parte, pensar em mim e em alguns outros. Pois, com outros, defendo explicitamente que não é o sentido que está em questão; com outros, faço apologia da dimensão insensata da verdade. Concedendo um valor essencial, ontológico, à cegueira literal das matemáticas, posso

---

[1] NANCY, J.-L. *Une Pensée finie*. Paris: Galilée, 1990.

dizer-me que aquele que se dedica aos exercícios da intelectualidade sou eu. E se continuo, é ainda pior. Assim:

> Parece, todavia, que há, de tal modo, uma covardia e uma irresponsabilidade intelectuais bastante adequadas a esse fim de século: fazer precisamente como se o dito fim de século, ainda que fosse por seu valor simbólico (mas também por algumas outras circunstâncias, políticas, técnicas, estéticas), não nos despertasse com uma certa rudeza para a questão, a sorte ou o cuidado do sentido. Esse século que termina não teria sido ele o de vários naufrágios do sentido, de sua deriva, de sua derrisão, de sua inanição – breve, de seu fim? (*PF*, p. 12).

Ainda a covardia e a irresponsabilidade. Ora, não concedo a Jean-Luc Nancy, e acho mesmo consensual, no sentido infrafilosófico do termo, sua visão (aparente, e nesse texto unicamente) do século e do momento presente. Não penso que o século terá sido o dos naufrágios ou das derrisões dos sentidos. Mas, pelo contrário, o de sua imposição, em detrimento da ausência das verdades disparates. Não me sinto tampouco convocado, neste fim de século, com relação à sorte ou ao cuidado do sentido. Mas antes pelo rigor, que eu diria de bom grado aristocrático, do formalismo e, sim, do exercício obscuro. Não creio, enfim, que a injunção seja a do fim, do finito, da finitude. Minha convicção é de que o que faz falta é o infinito. Eu proporia de bom grado depor, no limiar do milênio, todo uso das palavras "fim", "finito" e "finitude". E visto que Jean-Luc Nancy fala de covardia, de preguiça e de irresponsabilidade, e visto que eu posso, quanto a mim, reconhecer-me nos lugares que assim ele designa, ainda que eu saiba que ele jamais pensou em me colocar de tal modo, então, sejamos, por um instante, também um pouco violentos. Digamos, proclamemos: aquilo com o que urge romper, aquilo com o que é preciso dar cabo é a finitude. No motivo da finitude concentram-se a recusa da emancipação, o reino mortífero do puro presente, a ausência dos próprios povos e a erradicação das verdades. Em proveito, certamente, do sentido, ao menos como invasão do sentir, da sensação extrema, que é idêntica à anestesia.

Mas imediatamente vejo que não poderia se tratar, em minha proposta polêmica, de Jean-Luc Nancy. É impossível efetivamente sustentar, seja qual for o sentido disso, que ele participe da denegação e da submissão à estupidez democrática contemporânea. Da "democracia", no sentido em que o jornalismo ininterrupto concorda a nela ver o horizonte inultrapassável de nossas liberdades. Nancy diz e repete que ela em nada está à altura da questão do sentido hoje e que ela chega mesmo a agenciar os meios de uma surdez, de um evitamento da questão. E depois, e sobretudo, Jean-Luc Nancy, mais do que muitos outros, mais do que mesmo eu, seria, num sentido refinado, o último comunista. É ele, e não mais ninguém que escreve, não em 1960 ou 1970, mas em 1991, que "o comunista é o nome arcaico de um pensamento ainda inteiramente por vir".[2] Ah! Eu saúdo fraternalmente esse enunciado. Eu tento, contudo, por mais uma última vez ser malevolente. "Um pensamento inteiro ainda por vir!". Como é irritante o estilo pós-heideggeriano do anúncio perpétuo, do por-vir interminável, essa sorte de profetismo laicizado que não para de declarar que nós não estamos ainda em estado de pensar o que há para se pensar, esse *páthos* de ter-a-responder do ser, esse Deus que faz falta, essa espera diante do abismo, essa postura do olhar que visa ao longínquo perdido na bruma e diz que vemos a vinda do indistinto! Como isso nos dá vontade dizer: "Escutem, se esse pensamento ainda está inteiramente por vir, reapareçam para nos avisar quando chegar pelo menos um pedaço!".

Mas eu não chego ao ponto de me persuadir por essa blasfêmia. Vence a felicidade de ler, um pouco mais adiante: "O comunismo quer dizer que cada um de nós, dentre nós, está em comum, comumente". E ainda mais, sabendo do alcance do vocábulo para Nancy: "O comunismo é uma proposição ontológica", sendo dado que "a ontologia da qual se trata não é a ontologia do Ser, ou do que é: mas do ser enquanto não é nada disso do que é".[3] Nesse ponto, estamos tão próximos que dele não me distingo mais. O advento daquilo que, do ser, não é nada do que é, nada mesmo disso que é, com outros, com o próprio Nancy, chamamos isso de acontecimento, e ali faço nascer o caráter genérico das verdades, o que quer no final das contas exatamente dizer seu em-comum, o "comumente" de sua criação. Então, que definitivamente todo acontecimento seja "comunista" é o que Jean-Luc Nancy afirma, e que é tão verdadeiro para mim que eu ali até perco o léxico da maleficência.

---

[2] NANCY, J.-L.; BAILLY, J.-C. *La Comparution*. Paris: Christian Bourgois, 1991. p. 62.

[3] NANCY; BAILLY. *La Comparution*, p. 65.

O que fazer, chegado a esse ponto, da antinomia a propósito da finitude? É pouco dizer que ela é uma noção crucial para Nancy. Eu sustentaria de bom grado, tomando emprestado provocativamente o discurso de Lacan, com o qual Nancy teve algum contato, que "finitude" é o significante-mestre de seu discurso filosófico. "Discurso filosófico"? O que foi que eu disse? É a ocasião de um duplo litígio. Primeiramente, para Nancy o discurso é exatamente aquilo pelo qual a irresponsabilidade se insinua no pensamento. E pior ainda. Nancy declara que a covardia e a preguiça se introduzem "em todo esforço ou em toda inclinação do pensamento, desde que haja discurso" (*PF*, p. 12). Ele acrescenta, decerto, com sua equanimidade habitual, que há "sempre" discurso, visto que – repúdio da perspectiva diretamente mística – não há êxtase silenciosa do sentido. Isso, todavia, não poderia inocentar o discurso. Quanto à filosofia, necessitamos, sabemos disso desde Heidegger, anunciar seu fim. Esse fim nomeia mesmo o programa do pensamento. Nancy fala sem descuidar da "tarefa que sucede à filosofia, nossa tarefa". Eu que escrevi todo um Manifesto contra o motivo do fim da filosofia, eis-me confiscado do "nós" que opera no tempo. No que mais importa, Jean-Luc Nancy escreve que o que reage mal à palavra "fim", à expressão "fim da filosofia", é, bem simplesmente, "a covardia intelectual" (*PF*, p. 12). Ai de mim! Deverei eu mobilizar os parquíssimos recursos da maleficência? Digamos que há bastante maleficência na pura manutenção da tese: "Finitude" é o significante-mestre do discurso filosófico de Jean-Luc Nancy.

Pois, nesse discurso, a finitude é o mestre do pensamento num duplo sentido.

Primeiramente, porque nela se recapitulam todos os vocábulos encarregados de nomear, de mal nomear – no sentido em que Beckett pensa o "mal visto mal dito" – o que é o próprio pensamento.

O estilo bem particular de Nancy é inteiramente afirmativo, todo ele construído quase que monotonamente em torno de equivalências sinalizadas pelo verbo "ser". O enunciado matricial de Nancy é bem simples, é uma equação do tipo: isto é aquilo. A enorme sofisticação da escrita, que é igualmente notável, vale-se de que é preciso fazer vir a simplicidade das equações no contexto persuasivo de uma doce insistência, de uma invocação quase irresistível. E essa pressão, essa invocação organizam simultaneamente a necessidade da identidade, "isso nada mais é do que aquilo", e também seu caráter sempre ainda mais enigmático, sempre ainda mais a ser repensado. Vejam, por exemplo, como será dito que o limite, logo a finitude, é o próprio sentido, o sentido por inteiro:

> Efetivamente [...] qual deve ser o conteúdo ou o sentido do que se nomeia assim "finitude" (e esse livro não se ocupa de nada além, embora esteja longe de dela ser um tratado), é ao menos certo que o pensamento de um tal "objeto" deve esposar sua forma ou sua condição, sendo ele próprio um pensamento finito: um pensamento que, sem renunciar à verdade, à universalidade, em suma, ao sentido, somente pode pensar tocando identicamente em seu próprio limite e em sua singularidade. Como pensar tudo – todo o sentido, não se pode fazê-lo menos, ele é indivisível – num pensamento, no limite de um único ínfimo traço? E como pensar que esse limite é aquele de *todo* o sentido? (*PF*, p. 13).

Vocês notarão de passagem, tratando-se da coletânea *Une Pensée finie*, a afirmação de que ele se ocupa apenas da finitude. Temos aqui a confissão da soberania significante de "finitude", do Um que ela impõe ao texto. O parágrafo citado contém o estabelecimento complexo da equação: finitude = sentido. Isso pela via de que o pensamento da finitude é ele próprio necessariamente finito, logo toca no próprio limite.

Mas essa equação vai na realidade absorver sua mediação. Se o sentido é a finitude porque o pensamento é finito, então, na verdade, o pensamento, ele também, é a finitude. É o que será dito muitas vezes, por exemplo: "A finitude é a responsabilidade do sentido" (*PF*, p. 27). Ora, a responsabilidade do sentido é evidentemente, nós o vimos, contra a irresponsabilidade da intelectualidade, o próprio pensamento.

Como se passa da equação "a finitude é o sentido" à equação "a finitude é o pensamento"? Muito simplesmente através de uma equação intermediária, que é "a finitude é a existência". Porque a existência não é senão o próprio sentido. Por exemplo: "O sentido é a existência que cada vez está a nascer e a morrer" (*PF*, p. 21). Ou ainda: "A existência é o sentido do ser" (*PF*, p. 23). Logo pois, se a finitude é o sentido, e se o sentido é a existência, então a finitude é a existência.

Resta ainda passar de "a finitude é a existência" a "a finitude é o pensamento", evidentemente pela equação "a existência é o pensamento", o que, a bem da verdade, está contido na equação "a existência é o sentido do ser". Porém, um veio mais sutil – Nancy gosta de derivar suas equivalências pelo desvio de uma inequivalência aparente – vai ainda propor uma equação intermediária. Admite-se, desde Heidegger, que a essência da verdade seja a liberdade, o que, para Nancy, nesse livro complexo que é *L'Expérience de la liberté* [A experiência da liberdade], trabalha numa direção que subsume "verdade" sob "pensamento". Logo, o pensamento é a existência, mas a existência como liberdade, ou, segundo uma belíssima fórmula de Nancy, "a existência devolvida à existência". Se estabelecermos que a finitude é a liberdade assim concebida, chegaremos à equação desejada: a finitude é o pensamento; e é efetivamente o que se produz. Nancy escreve: "O sentido da 'liberdade' não é senão a própria finitude do sentido" (*PF*, p. 29).

Vocês veem que, em definitivo, "finitude" é a polaridade nominal de um veio que inclui o sentido, o sentido do ser, a responsabilidade do sentido, a existência da liberdade e do pensamento. "Finitude" é o significante-mestre no que ele absorve a totalidade dos vocábulos positivos. A filosofia, o discurso filosófico, consiste em desdobrar esses vocábulos de tal modo que sua absorção por um só dentre eles seja tornada visível. Trata-se, pois, formalmente, de uma apologia da finitude.

Mas, assim, "finitude" é um significante-mestre num outro sentido. Aquele da injunção, de dever; não evidentemente no sentido da exterioridade de um mandamento. Mas no sentido que já se ligava à meditação de Nancy a propósito do imperativo categórico, em seu belíssimo livro sobre Kant. Nomeadamente disso que uma palavra indica como derivado da responsabilidade do pensamento. Ou isso que uma palavra indica como aquilo pelo qual a liberdade obriga-se ela mesma, sem prazo, "como seu próprio fim nos dois sentidos da palavra".

E essa palavra é perfeitamente, ainda mais uma vez, "finitude". Como o escreve Nancy, "o dever indica a finitude do ser" (*PF*, p. 34). O apelo contemporâneo por uma ética é o apelo "a conservar e a aumentar o acesso da existência a seu próprio sentido inapropriável e sem fundamento" (*PF*, p. 34), o que quer dizer o apelo a manter o pensamento na responsabilidade da finitude.

Que devo eu, então, pensar, logo eu para quem o dever é de convocar o pensamento aos exercícios dissidentes de sua própria infinitude? Tratar-se-ia de uma querela de significantes-mestres, como em política, na época do maoísmo, a querela entre soberania política dos partidos e soberania política das massas? Sustentar-se-á comodamente que, no furor temporal, as massas tinham por dever infinitizar a medíocre finitude do partido.

Eu sei o que Jean-Luc Nancy pensa, e que ele me disse várias vezes: o que eu chamo de infinito está, em todo caso, no ponto exato do pensamento que ele nomeia de "finitude".

Ora, é isso, vejam vocês, a oferenda reservada de Nancy. Por um lado o pensamento, no modo inevitável do discurso, oferece-nos um significante-mestre apropriado à injunção do tempo. Não obstante, essa proposição, essa oferenda, é preciso que ela esteja ali, exposta, sem nos impor sua presença. É, por fim, o que é próprio da oferenda verdadeira, segundo Jean-Luc Nancy:

> Do presente implicado pela apresentação, a oferenda somente retém o gesto de apresentar. A oferenda oferece, traz na frente e coloca diante (etimologicamente, a oferenda não é diferente do objeto), mas não se instala na presença. O que é ofertado permanece num ponto-limite, suspenso na borda de um acolhimento, de uma aceitação – que não pode, por sua vez, senão ter a forma de uma oferenda (*PF*, p. 185).

Essa não imposição de uma presença faz com que a palavra trazida pela oferenda, por exemplo, "finitude", possa bem significar outra palavra de aparência absolutamente contrária, por exemplo, o infinito. Visto que ela já absorveu ser, sentido, existência e liberdade, do que não seria ela semanticamente capaz? É que uma equação última é a seguinte: "Nenhum sentido das palavras 'fim' e 'finito' nos permite pensar aquilo do qual o índice, tenso na extremidade de nossa história, traz o nome de 'finitude' – ou, também, o nome de absoluto da existência" (*PF*, p. 51). A equação da qual eu falo é "finitude = absoluto". Consequentemente, é verdade que "finito" não permite pensar "finitude". Então, por que não "infinito"? O infinito como absoluto da existência finita? Estamos bem próximos de Hegel, na verdade um companheiro essencial do pensamento de Nancy e ao qual ele dedicou admiráveis ensaios. Hegel é por sua vez também, no fim das contas, o grande mestre da reabsorção de vocábulos numa recapitulação essencial e sob um nome último. Ele também tenta pensar o absoluto da existência. E, certamente, Nancy diz: "A finitude não finda, não sendo infinita". Mas, justamente, o "não findar" não é o infinito, um outro infinito, distinto desse infinito que findava o fim? De sorte que não estaríamos numa querela da finitude, mas no que eu sustento com outros como sendo o verdadeiro desafio do pensamento moderno, desde Cantor: o discernimento da pluralidade dos infinitos e de sua consequência para as orientações fundamentais do pensamento.

Nesse caso, eu jogo a toalha, não penso mais na maleficência, tampouco na *disputatio*. E me viro para outro Jean-Luc Nancy, aquele para o qual o enigma do sentido é o dos cinco sentidos, o enigma do sentido como sensível, a finitude estética de um pensamento da heteronomia do sensível.

Nessa via, entretanto, eu logo encontro, bem intimidante, a escritura de Jacques Derrida, nesse imenso livro que ele dedicou a Nancy, do qual ele faz o potente sacrário de sua amizade admirativa. Livro que não apenas reexpõe a doutrina do sentido-sensível, mas finalmente é como uma reescritura para nosso tempo do *Tratado da alma* de Aristóteles. De que vale sofrer por um mau esboço, uma frágil cópia, daquilo que ali se mantém?

Também me resignaria a muito simplesmente convidar cada um a se deleitar com o que Jean-Luc Nancy escreveu sobre o corpo, em *Corpus*, sobre a pintura, em *Le Regard du portrait* [O olhar do retrato], sobre a poesia, em "Posséder la vérité dans une âme et un corps" [Possuir a verdade em uma alma e um corpo]. Ali se encontra, certamente, a oferenda reservada. Essa certeza de que toda exposição sensível responde surdamente a uma oferenda do sentido do ser, visto que ela é sua finitude; mas também que, precisamente porque ela é sua finitude, ela a reserva a um si que está fora de si, a uma travessia do outro no mesmo, a um distanciamento infinito e essencial, onde o pensamento cria um modo novo de devolução da existência à existência. Exposição, retraimento, oferenda: eis no fundo o leque desdobrado da finitude. Vejamos como isso é dito:

> Um corpo é uma imagem ofertada a outros corpos, todo um *corpus* de imagens tensas de corpo em corpo, cores, sombras locais, fragmentos, grãos, aréolas, lúnulas, unhas, pelos, tendões, crânios, costelas, pélvis, meatos, espumas, lágrimas, dentes, salivas, fendas, blocos, línguas, suores, licores, veias, penas e alegrias, e eu e você.[4]

Oferta ao outro, trata-se da oferenda. Os fragmentos, trata-se da exposição. E você e eu, trata-se da reserva.

Mas tenho nesse registro uma ternura toda particular pelo livrinho de 1997, intitulado *La Naissance des seins*. Formalmente, a oferenda

---

[4] NANCY; BAILLY. *La Comparution*, p. 104.

é aqui captada daquilo que uma mulher oferece, ou se oferece, dela mesmo, na existência de seus seios. Ela está reservada por uma espécie de discrição amorosa encantadora. A textura do livro diz os dois. Há nele uma exposição, no sentido ordinário: reproduções, fotos e, sobretudo, apresentados sobre fundo cinza, um conjunto extraordinário de textos, de citações, indicando a proliferação criadora, a contraoferenda perpétua, induzida pelo que, do corpo das mulheres, é nativamente apresentado. Mas todo esforço de Nancy, sua própria reserva, é de estabelecer que o que responde à oferenda no pensamento não é da ordem do objeto. O nascimento dos seios, pensado como vinda ao sensível de uma delícia compartilhada, é absolutamente distinto do recorte de um objeto, absolutamente distinto do objeto-causa do desejo que trama um fantasma. É o seio inobjetivo do qual Jean-Luc Nancy quer dizer a maravilha.

Ora, esse esforço o conduz a rasurar a própria palavra "oferenda". É no nível dessa rasura que sem dúvida capta-se a potência do feminino em seu pensamento. Pois pensar o que é exposto por uma mulher conduz a rescindir a palavra-chave "oferenda" e, pois, a fazer prevalecer, na "oferenda reservada", a reserva sobre a oferenda.

Tudo começa, eu o disse, pela crítica do objeto e da origem. "O fantasma ou o objeto – o fantasma do objeto – é a desfiguração do seio, uma alucinação sem tato. Como falar dele com tato, e sem engoli-lo?".[5]

Esse tato é um outro nome da reserva.

Três citações vão conduzir dessa questão à rasura reservada da oferenda como demonstração do tato, preeminência, na finitude, da reserva. É preciso lê-las:

> Sobre o tombadilho do iate de Onassis, o Velho Leão observava Garbo "com uma expressão salaz". Teria ela a delicadeza de lhe mostrar seus seios? Aos vencedores os despojos das mulheres. Ele verá o que ninguém jamais contemplou.
>
> Se encarquilha cruzando seus braços sobre os jovens seios, e os mantém serrados um ao outro em cada uma das mãos.
>
> Puros em sujeitos puríssimos, em Deus eles irão tomar
> O olhar, o odor, o gosto, o tocar, o ouvir...
>
> Sobre a face de Deus estarão nossos santos prazeres,

---

[5] NANCY, J.-L. *La Naissance des seins.* Valence: Erba, 1997, p. 45.

No seio de Abrahão florescerão nossos desejos,
Desejos, perfeitos amores, elevados desejos sem ausência,
Pois os frutos e as flores nascem somente uma vez (p. 46-47).

Então, pode-se falar do corpo de amor, do corpo como exposição (de) amor, cujo seio é simplesmente o anúncio, "o anúncio da nudez completa". É ali que, rasurando a oferenda, Nancy comete com relação a si mesmo o parricídio platônico:

> Está suspenso entre o dom e a recusa. Não está tampouco em espera nem em potência de um ou de outro. Não está tomado nessa gigantomaquia de grandes categorias esquivas e de posturas sublimes. É outra coisa. O dom ou a recusa são da ordem da troca, e esta pode consistir na troca de bens e de serviços ou de males e de penas. Há oferta e demanda, e a própria oferta é uma demanda: a demanda de que haja demanda. Mas, aqui, é outra coisa. Nem oferta nem demanda – e, consequentemente, para terminar, nem mesmo oferenda. Essa palavra é ainda demasiado religiosa, demasiado sacrificial e demasiado grandiloquente. Demasiado intencional. Ora, trata-se do que é sem intenção: tudo em extensão. Trata-se do que está tenso sem intenção, ofertado sem demanda, proposto sem convite (p. 48).

A oferenda reservada não é uma oferenda, visto que o seio de uma mulher amada é "ofertado sem demanda, proposto sem convite".

É ali, exatamente, que Nancy quer ater-se a seu próprio discurso. Ele no-lo oferece, afirmativamente em toda extensão, mas sem nada demandar. Ele nos propõe, sem nos convidar a segui-lo. Diria eu que ele deseja que seus livros sejam, para o desejo de pensar, como o nascimento dos seios para o desejo amoroso? E pode-se deveras ocupar esse lugar sem algo de vagamente maternal? Sem uma diminuição exagerada das violências e das obstinações necessárias? Sem que a parte concedida ao exercício árido e à dissidência arisca seja demasiado reduzida, em proveito de uma segura benevolência? Mas eis-me ainda nas orlas da maleficência, na qual, tratando-se de Jean-Luc Nancy, é impossível ter êxito. Saudemos o amigo, o homem leal, o último comunista, o pensador, o artista intelectual das disparidades sensíveis. Digamos todos com ele, porque todos o amamos: "Há essa constituição resplandecente do ser. O amor não a define, mas a nomeia, e nos obriga a nisso pensar" (*PF*, p. 266).

Barbara Cassin
Logologia contra ontologia[1]

---
[1] Acerca de: CASSIN, Barbara. *L'Effet sophistique*. Paris: Gallimard, 1995.

Muitas pessoas perguntam como pode ser que a brilhante especialista – e admiradora – da sofística e o velho platônico que eu sou possam trabalhar conjuntamente ao ponto de codirigirem coleções filosóficas já se vão 20 anos. Não é muito fácil responder senão constatando que tal é a situação, e que nós jamais encontramos, no trabalho editorial, sérias dificuldades, e menos ainda insuperáveis desacordos. Talvez pudéssemos, todavia, dizer que é mais fácil para um platônico falar (tagarelar?) sobre a sofística, como faço no texto que se segue, do que a uma suposta sofista falar a um platônico. No final das contas, o sofista também é – sem dúvida, dirá Barbara, em sua própria defesa – um personagem dos diálogos de Platão, no fundo o principal personagem diante de Sócrates. Por que se espantar, então, que eu trabalhe com Barbara e escreva sobre sua obra? O que mais se necessita é daquilo que menos se nos assemelha, e, na verdade, é isso que não se assemelha que se reúne mais eficazmente.

Para apoiar seu elogio da sofística, sua alegria erudita de nos restituir esses para os quais, ela diz, "o *logos* se coloca adiante do objeto", Barbara Cassin recorre ao contraste de dois poetas: Saint-John Perse, do qual parece que os elogios majestosos permanecem judaico-cristãos e fenomenológicos; Francis Ponge, muito mais sofisticado, já que ele reclama "uma retórica pelo objeto". E que, como Górgias, supõe que "toda descrição, todo elogio, é ao mesmo tempo um elogio do *logos*".

Comecemos, pois, sendo o livro de Barbara Cassin um livro maior, por dois elogios nos seus dois estilos.

Digamos, de saída: "Ó livro deposto em seus galhos e seus frutos! Entrelaçamento, como se vê nos palimpsestos, em meio aos incunábulos e aos enormes papiros em suas jarras empoeiradas, da paciência da escriba e da alta visão do profeta! Reviramento das tábuas da Lei pela doçura implacável do fragmento achado, do verso restituído, do prefácio retranscrito! Velhas metafísicas invalidadas pela alegria autônima do *logos*! Escrúpulo audacioso, como de um estrategista à beira do mar na espia do monstro ontológico, ele está armado apenas dos cacos de sua maquinação!".

E digamos em seguida: "O livro de Barbara Cassin. Ele está previamente folheado. Estratos de poeira erguida sobre pepitas. Estratos de cálculos exatos. Estratos de palavras agenciadas para destruir. Estratos elétricos: curto-circuito do mais velho que o antigo e do mais recente que o moderno. Estratos de costura entre vários fragmentos que se acreditava ser de cores diferentes, e que o fio e a agulha não permite mais distinguir. Odor de resina, de ervas ao sol, de jarro de vinho. Um romance folheado. Eu leio esse livro como se come. Sob o dente, os diferentes estratos suscitam um gosto mesclado. Suculência da travessia pelo gosto de erudição, hilária, e do pensamento mais triste que pode parecer".

Mas eis que, após o elogio, cabe-me comparar a captura onde estou, o doce prazer linguageiro, anestesiado, da partilha consensual – pois Barbara Cassin no-lo diz: o consenso é a arte da homonímia –, comparar esse consenso, pois, a algo totalmente distinto. A minha velha convicção, platônica e antissofística, de que esse livro terno e duro vem ao mesmo tempo adormecer e dilacerar.

O axioma sofístico, aquele que, para Barbara Cassin, abre o pensamento anulando a metafísica, é-nos fornecido desde o início: "O ser, de maneira radicalmente crítica com relação à ontologia, não é o que a palavra desvela, mas o que o discurso cria". Importa substituir, por um gesto que retorna à sofística originária, a logologia (potência de ser e de não ser do discurso dominado) à ontologia (captura linguageira de um "há" antepredicativo).

A consequência política desse axioma é perfeita firmemente prescrita: a política se constitui pelo laço retórico. Disso se segue que ela é alheia ao Bem e ao Verdadeiro. Seja qual for a especificação retida do político, diz-nos Barbara Cassin, "ela jamais se confundirá, por definição, com a distinção ética entre bem e mal, tampouco com a distinção teórica entre verdadeiro e falso".

A consequência discursiva e estética guarda a mesma necessidade. Uma vez que o ser é um artefato de linguagem, segue-se que aquilo que cria mais ser é, ato contínuo, o ficcionamento mais desenvolvido. O romance é que é a logologia mais densa. O falso que se sabe falso é o que vem no lugar da norma aterrorizante e extrínseca do verdadeiro. Citemos, para ficarmos novamente adormecidos e seduzidos: "Um *pseudos* que se sabe *pseudos* e se apresenta como tal numa *agatê* livremente consentida, um discurso que desiste de toda adequação ontológica para seguir sua demiurgia própria, *logou kharin* e ao *semainen ti*, nada mais é do que a ficção romanesca".

Eis-me bem aqui! Eu que penso em sentido contrário a tudo isso! Pois eu penso:

– que o ser, como ser, articula-se como multiplicidade pura na matemática, precisamente não é um discurso nem dispõe de conveniência retórica;

– que as políticas de emancipação distinguem-se das políticas de gestão no sentido preciso em que elas possuem um efeito de verdade no que tange ao que do coletivo ficaria, sem ela, invisível e impensável. E que, além disso, elas têm por categoria filosófica central não a liberdade, mas a igualdade. Ao passo que para Barbara Cassin (como para Hannah Arendt), a política da aparência e da opinião, defendida pela sofística, faz da liberdade a categoria não filosófica do político;

– que o grande romance tem sem dúvida um potente efeito de verdade, e que uma verdade pode decerto se apresentar numa estrutura de ficção; mas estamos, então, aqui inteiramente fora do que se pode chamar de "filosofia".

Eu que penso, para dizer tudo, que precisamente porque não passa de astúcia das homonímias, todo consenso é perdição para o pensamento, serei naturalmente levado a me indignar quando Barbara Cassin declara: "a performance é a medida do verdadeiro". Esse elogio da virtuosidade me incomoda.

Mas as razões de Barbara Cassin são tão instruídas, tão ardilosas, tão fortes... Para dizer tudo, elas são tão *gregas*... A tentação do sono bem-aventurado no leito dos retóricos ganha-me novamente. Falar, e ao fazê-lo fazer o ser: não ter outro imperativo político afora a livre persuasão consensual; deleitar-se com as admiráveis prosas romanescas. Que mais pedir? Minha força não irá mais, eu o sinto, do que colocar a Barbara Cassin algumas questões encadeadas.

Primeira questão: Platão. Barbara Cassin deve desmontar Platão, pois foi ele quem montou a exclusão da sofística do *corpus* filosófico. Mas tal desmonte chega a ser, segundo os próprios critérios dela, bem-sucedido?[2] O projeto de Barbara Cassin é opor à história filosófica da filosofia uma história sofística: é um grandioso "abalo" historial. Platão não se encontra também tão excluído da nova figura quanto os sofistas estavam da antiga? Quanto a esse ponto, Barbara Cassin permanece heideggeriana. Ela adota uma ideia fechada da ontologia e da metafísica. Ela adota o tema da perempção. Ela chega a pensar que a entrada em cena dos sofistas no tema pré-socrático, entrada em cena que ela manipula com uma arte soberana, vai cumprir o que Heidegger, ainda cativo da autenticidade ontológica, somente pôde programar. Eu a cito: "Longe de por ali cair na não filosofia, creio antes que nos encontramos confrontados a uma tomada de posição tão forte no que tange à ontologia e à metafísica em geral que ela poderia bem se revelar filosoficamente não ultrapassável".

Minha questão é: a instrução dessa crítica definitiva da metafísica não é feita ao preço de um Platão maltratado? Um Platão, se posso dizer assim, reduzido à exclusão da sofística, e que Barbara Cassin pode facilmente *revirar*, como Marx pretendia fazê-lo em relação a Hegel? Ah! Platão permanece a pedra de toque de toda filosofia. Eu quero dizer: do *gesto* que se atribui a Platão (fundador, esquecido, limítrofe, desvairado...) depende quase sempre a legibilidade, o *tipo de intelectualidade* de seu próprio empreendimento.

O reviramento de um suposto gesto de exclusão engaja num originário do qual não se está nunca certo de que Platão o tenha a esse ponto desconhecido.

Barbara Cassin considera como uma tese especificamente sofística, e, pois, obliterada por Platão em proveito de um imperialismo ontológico, isso de que "só o caso do não ser permite tomar consciência do discurso e da diferença normalmente inscrita no

---

[2] Vale a pena mencionar que no texto original, Badiou emprega o termo "performant", que no contexto quer dizer "bem sucedido", mas que, entretanto, liga-se à crítica da "performance" empreendida acima. (N.T.)

enunciado de identidade: é o 'não é' que deve tornar-se a regra do 'é'".

Ora, não se trata ali do motivo mais constante da filosofia antissofística (Hegel seria aqui paradigmático)? Melhor ainda: não seria um axioma que o próprio Platão desprende, segundo, é claro, um labor a seus próprios olhos paradoxal e arriscado, como obliteração necessária da "primeira" ontologia, a de Parmênides? Três exemplos com os quais Barbara Cassin mais do que ninguém tem familiaridade, mas com os quais, justamente, como ela pode captá-los em seu gesto de reviramento, não se propõe jamais a instruí-los, ainda que fosse a pretexto de *complicação* de sua aparelhagem (seja, em suma, a exposição de uma dimensão propriamente "sofística" de Platão):

— Em *O sofista*, a inscrição da diferença, como requisito de toda idealidade, faz-se justamente disso que o ser, aqui estabelecido como um dos gêneros supremos, não é distinguível senão na medida em que o não ser é. A regra de inteligibilidade do ser *como ser* é precisamente o não ser. Entendamos que se trata de pensar o ser na sua diferença de ser, e não como simples "parte de ser" de um outro gênero supremo (parte de ser do movimento, ou do repouso, ou do Mesmo), então cabe "circunscrever" a captura do ser sob seu Outro, que é, propriamente, o não ser.

— No *Parmênides*, a hipótese terminal, que vai dar seu élan negativo a todo neoplatonismo, é que o Um não é. A supremacia do Um somente será pensável sob o signo de seu não ser.

— Em *A república*, a forma genérica do ser é a Ideia. Quando se trata de designar o princípio de inteligibilidade do ser da Ideia, do que a torna conhecível, é preciso recorrer à transcendência do Bem. Ora, o que nos diz imediatamente Platão? Que o Bem não é uma ideia, e, pois, que no que tange ao dispositivo da ontologia, o que está na raiz do ser e do pensável encontra-se em exceção de ser, na forma própria do não ser que é a não ideia.

O coração da filosofia – da metafísica, não temamos essa palavra – jamais foi a doação. Trata-se, ao contrário, e sempre, de um procedimento diagonal: você constrói uma imposição ontológica, um discurso normatizado. Por exemplo, o discurso da Ideia, ou o dos gêneros supremos. E se manifesta que o ser, o real desse discurso, o real dessa imposição, é o que a isso não se submete, seu avesso, o ponto diagonal da exceção. E, consequentemente, o não ser próprio de todo discurso sobre o ser. Se o ser fosse desvelamento e doação, toda filosofia seria intuitiva e poética, e não conceitual. A rede conceitual filosófica é precisamente essa que se constrói somente sob a regra última de sua falha; e o ser, que não se dá, é o que se subtrai.

Minha questão é, então: a sofística não seria a simples imediaticidade retórica dessa subtração, a pretensão de ali se estabelecer na economia da imposição? De se imaginar que ela já ali está na linguagem ordinária?

Poder-se-ia dizer: a sofística (ou logologia) consente à linguagem uma confiança imoderada. Não porque ela ali decifra o primado do não ser e a captura "em ficção" de um ser-criado, pois desse primado e dessa captura a metafísica não deixou de dar os mais fortes exemplos; mas porque a sofística estabelece uma reversibilidade *técnica* do ser e do não ser, simples arranjo retórico (e transmissível) do imediato natural que nos "dá" a linguagem. Ao passo que a metafísica descobre que é somente submetendo a língua a formalismos conceituais axiomatizados e impositivos que se abre o pensamento ao subtrativo (ao não ser *pensável*), o qual somente advém no nível da falha, ou em processo de limitação, desses formalismos inventados.

O que a filosofia, com Platão, repudia não é o paradoxo ou a complexidade "imoral" do primado do não ser, ou da soberania da linguagem. É, pelo contrário, a *facilidade* da "solução" sofística. Que o não ser seja regrado pelo ser, os sofistas gostam de ostentar. Mas o difícil não é enunciá-lo e disso deduzir prazerosamente a legitimidade "democrática" do orador. O difícil é chegar a *pensá-lo* e disso deduzir matematicamente a existência laboriosa de *algumas* verdades.

Barbara Cassin quer nos encerrar na alternativa: ou o ser é uma doação anterior ao dizer, e a verdade normatiza o discurso de fora; ou o ser é uma criação do dizer, e a verdade é inútil, a performance e a opinião bastam.

Eu chamo (com Platão) de "filosofia" o que está originalmente subtraído a essa alternativa, o que a diagonaliza, situando o ser num ponto "esvaziado" que não é nem anterior ao dizer nem criado por ele, visto que o pensamento somente se abre no intervalo *construído*, ou no limite do procedimento infinito de suas próprias aparelhagens discursivas. Dali se segue, ademais, que não é como discurso que o ser (ou seja, o não ser) é dizível, mas como matema, em fórmula, em traços sempre escritos. Daí também se segue que uma verdade é totalmente o contrário de uma norma exterior: ela é uma produção imanente.

A filosofia chamará de "dogmática" a posição segundo a qual o ser é dado numa anterioridade inatribuível ao dizer. Ela chamará de "sofística" a posição simétrica: que o ser é uma produção do dizer. Ela se identificará a si própria como labor regrado de uma diagonal que subverte o acoplamento (e, na verdade, a profunda identidade de natureza) do dogmatismo e da sofística.

Minha segunda questão abordará Lacan. Seria mesmo seguro que a partir de alguns textos se possa tão comodamente subsumir Lacan sob a concepção renovada que Barbara Cassin propõe da sofística? É verdade que Lacan, os apoios textuais de Barbara Cassin são como sempre literais, funda a realidade no discurso e indica que o de fora vem revelar o discurso, e não inversamente. Decerto. Mas nem a realidade nem o de fora são o real. E quanto ao real, no sentido da tópica lacaniana das instâncias, cabe salientar: primeiramente, que ele é insimbolizável, e pois subtraído à pura produção retórica; em segundo lugar, que se ele opera pela palavra, é como causa ausente da consistência dessa palavra, e não como criação coextensiva dessa potência – é tão verdade que Lacan argumenta *in fine* que o real é "o que se encontra"; em terceiro lugar, que ele é fornecido não por aquilo que Lacan chama de uma simbolização correta, e que Barbara Cassin chamaria de uma performance, mas por um ato de corte em que ele se revela como dejeto, como avesso; em quarto lugar, que mesmo em se tratando da formalização, que é uma escritura e não um discurso, o real dela é o impasse, e não a produção; em quinto lugar e sobretudo, que esse real, que é o ser êxtimo de todo saber, permanece sendo o que certifica a verdade. Pois, diz Lacan, "a verdade se situa de supor o que do real faz função no saber".

Tal chicana da tripla verdade/saber/real é difícil tanto de sofisticar[3] quanto de filosofar, mas de maneira distinta.

Pois, se o ser dos filósofos é sempre o ponto diagonal de uma imposição argumentativa, e se ele se dá como o que falta a essa imposição, Lacan com seu real está mais próximo de Platão do que de Górgias.

---

[3] "Sofisticar" aqui empregado de modo ambíguo, também no sentido de "tornar sofístico". (N.T.)

Decerto, ainda, Barbara Cassin nota que Lacan objeta a Platão que o objeto *a*, que é um nome literal do real, é aquilo do qual não há ideia. Mas, precisamente: para Platão, o Bem, o Um ou o Outro são determinados como nominações últimas do ser do que não há mais ideia. E isso do qual, consequentemente, há somente, seja poema, é verdade, como é em *A república* a imagem do Sol, seja matema, como é o caso tanto para o objeto *a* de Lacan quanto para o Um-que-não-é da nona hipótese do *Parmênides*.

Poema ou matema, mas de modo algum retórica das opiniões.

O que induz minha terceira e última questão.

Se é o discurso que cria o ser, se pois a performance linguageira é a medida de todo "valor", dois espaços são mais adequados à provisão criadora do máximo de ser. A política dita democrática por um lado, no sentido de Hannah Arendt: livre espaçamento retórico dos julgamentos na arena pública, hipocrisia fecunda das opiniões; por outro lado, a demiurgia da ficção romanesca.

O que se deve, então, entender por "filosofia", supondo-se que sob o emblema dos sofistas queiramos (é a ideia de Barbara Cassin) manter e reforçar o motivo, senão a pálida apropriação de uma metapolítica do juízo a uma estética da ficção? E se tal é o destino bastardo da filosofia, Platão não teria inteiramente razão em dela excluir o princípio sofístico, a fim de fundar uma discursividade plenamente independente, na qual a determinação do ser como não ser regula na realidade uma diagonal irredutível do pensamento?

Barbara Cassin reata à sofística uma multiplicidade consensual de jogos discursivos, que cria mundos. Essa lúdica nietzschiana é por ela enraizada na ciência dos textos. Mas a filosofia começa por destruir o próprio conceito de mundo; ela sabe, como Lacan, que somente há um fantasma do mundo, e que é apenas em sua defecção, ou sua derrota, que se pode pensar subtrativamente algum real.

A filosofia constitui-se legitimamente como antissofística, porque ela dispõe a origem das verdades como ponto de desvanecimento de todo entrechoque dos discursos. É esse ponto que eu nomeio "acontecimento"; e do acontecimento não se pode ter retórica anterior, ou constitutiva, porque precisamente a própria questão de seu nome é amplamente suspensa. O acontecimento é o nome do sem-nome, o que se encontra, o que advém e suscita uma verdade *como novidade*. Crer que não haja "criação" senão na ordem da linguagem é confundir a busca inventiva e diagonal de uma nominação do que surge com o acontecimento inaugural desse próprio "surgir". É praticar o que Lacan chamava de "idealinguisteria".

No fundo, ao denegar tanto o acontecimento quanto o procedimento pelo qual sua dimensão subtrativa é obrigada a se oferecer, a sofística dá da criação e da novidade somente protocolos retóricos os mais inofensivos. O que visamos na sofística é ao fato de que, sob sua aparência subversiva, ela autoriza no pensamento apenas uma variante técnica da conservação dos recursos linguageiros e políticos. A sofística não vale a pena. Como teria dito Deleuze, que, contudo, tampouco acreditava na verdade, a sofística "não é interessante". É, ademais, o argumento último, e principal, de Platão. A sofística não é tanto imoral quanto é tediosa: "acreditar que se fez uma invenção difícil porque se tortura a bel-prazer os argumentos em todos os sentidos é penar sobre aquilo que não vale a pena".

Barbara Cassin, contudo, não nos aborrece nem mesmo um segundo. Mas é, talvez, porque sua estratégia mais viva vise menos restabelecer a sofística em sua proeminência do que salvar Heidegger. Ali, ao que me parece, está a força *contemporânea* de seu propósito.

Quais são as fortes operações desse salvamento?

1. Deslocar o centro de gravidade do conceito de pré-socrático de Parmênides para Górgias. É a esse preço que se pode, segundo Barbara Cassin, fazer remontar um certo democratismo ficcional até as origens, o que saneia das tentações fascistas de tipo "grande florestal", ao mesmo tempo que conserva a montagem historial antimetafísica.

2. Conservar o diagnóstico de fechamento platônico. Não, todavia, como gesto de esquecimento do ser, mas antes, se posso dizê-lo assim, como esquecimento do não ser, do *pseudos* livre inerente à linguagem. Mais como exclusão da sofística do que como obliteração de Parmênides.

3. Substituir a autenticidade heideggeriana, que conserva a jurisdição da ontologia sobre a política, pela hipocrisia democrática. Assim, o passo em falso nacional-socialista torna-se um pecado metafísico, e Hannah Arendt torna-se a verdadeira heideggeriana liberal, aquela da qual os gregos sofisticados nos conservam de todo julgamento de verdade sobre a coisa política.

4. Preferir o romance ao poema, pois o segundo é pretexto a doação, presença e ontologia, ao passo que o primeiro é o regozijo do artefato, do falso e da logologia.

Esse Heidegger despoetizado, desfilosofado, democratizado, tem a cara bem boazinha para que se possa conservar o arco histórico. Ou seja, a condenação da metafísica.

Também Barbara Cassin pensa que o Heidegger terminal não está tão distante da redenção sofística à qual ela o convida *post mortem*: "Também não é por engano que se poderia propor, para caracterizar o último Heidegger e a sofística ao mesmo tempo, o nome comum de 'logologia' arriscado por Novalis".

Pode-se naturalmente concluir que esse nome, comum ao mesmo tempo a Heidegger e à sofística, confere à sofística todas as garantias da modernidade.

Pode-se também concluir que ele demonstra, e isso seria o uso diagonal mais fundado para mim do belo livro de Barbara Cassin, que a filosofia, hoje, para renovar o gesto antissofístico que a funda, deve excluir o último Heidegger. Ou seja, afirmar, contra Barbara Cassin e contra, é preciso dizê-lo, muitos outros, que para pensar nas condições de nosso tempo o real do ser, ou seja, o ser como não ser, ou seja, o acontecimento como potência de verdade, devemos quebrar a montagem historial heideggeriana, restituir Platão e construir, sem a menor vergonha, uma metafísica do contemporâneo.

De uma tal tentativa "intempestiva", esse livro renova ao avesso a paradoxal coragem. É próprio dos livros fortes estimular a vontade de afrontá-los.

Jacques Rancière
Saber e poder
depois da tempestade

Jacques Rancière é bastante conhecido daqueles que seguem as publicações de nossos amigos de La Fabrique, *e não vou, certamente, apresentá-lo. Escrevi muito sobre ele, e frequentemente de maneira bem crítica. Ele próprio, se já comentou em 1982 meu* Théorie du sujet, *de que ninguém falava – o que me deixou muito grato –, comentou sem nenhuma amenidade. Nós dividimos diversas tribunas, envolvemo-nos em diversas discussões públicas. Encontramo-nos diversas vezes no exterior, onde numerosos amigos meus são também amigos dele. Como dizer? Somos certamente muito próximos sobre muitas coisas para aceitar serenamente sermos, em alguns pontos, tão distantes. Pronunciei o texto a seguir em Cerisy, na primavera de 2005, quando de uma semana que lhe foi consagrada. Veremos que tento puxar a proximidade tão longe quanto possível e que finalmente fiquei contente em encontrar um motivo minúsculo de desacordo radical: nossas interpretações dos* Mestres cantores *de Wagner não são idênticas!*

Eu faço questão de dizer, logo de saída, que nessa noite só falarei bem de Jacques Rancière. Falei mal dele o suficiente no passado, minha reserva esgotou-se. Sim, sim, nós somos irmãos, todo mundo o percebe, e eu também, no final.

Falar somente bem de Jacques Rancière não é coisa fácil, na posição que ambos ocupamos. Pois não seria ele capaz de pensar que se ver assim constantemente elogiado por mim seja o pior destino que lhe possa ser reservado? De sorte que a decisão de falar bem dele não seria senão o modo mais astuto de lhe fazer mal. Em particular, se anuncio que num número de pontos importantes estamos de acordo, como ele vai tomar isso? Não irá ele o quanto antes modificar sua perspectiva sobre todos esses pontos de acordo e me deixar só com eles?

O princípio ético que me cabe colocar em primeiro plano é de evitar toda comparação comigo. Nada dizer sobre mim. Nem acordo nem desacordo, nada. Somente sobre o puro Rancière, integralmente elogiado. É, no mais, para partir do mais distante de mim que escolhi entrar em sua obra pelo que parece pertencer a outro: a relação entre saber e poder. Essa dialética do saber e do poder é hoje efetivamente academicizada por uma referência sistemática, e sem dúvida unilateral, a Foucault. Na realidade, sob sua forma vulgar ("Todo saber é um poder, abaixo a autoridade erudita!"), ela lançou uma espécie de lugar comum do fim dos anos 1960 e do início dos anos 1970. Afirmemos que se alguém pode disso reivindicar o desenvolvimento conceitual maior e melhor que Foucault é mesmo Rancière, de quem foi a proposta inaugural, como está claro desde o título de seu primeiro livro, *La Leçon d'Althusser* [A lição de Althusser], de meditar sobre o laço entre o "teoricismo" de Althusser, sua apologia da ciência, e a autoridade política reativa do Partido Comunista francês. Entre o saber do intelectual e o poder do Partido do qual ele é o companheiro, de rota ou de derrota.

Para compreender isso de onde ele retorna, é preciso voltar ao contexto dos anos 1960 e, singularmente, à sequência crucial que vai de 1964 a 1968, culminando em 1966. Pois esse contexto é absolutamente paradoxal sobre a questão que nos ocupa: ele prepara e organiza a báscula, a partir de 1968, de uma posição cientista, que fetichiza os conceitos, a uma posição praticista, que fetichiza a ação e as ideias imediatas de seus atores. Não esqueçamos que esse contexto foi o dos anos de formação de Rancière.

Vejamos o que se passa em torno dos anos 1966-1967. O reino do estruturalismo é incontestavelmente o da ciência. O motivo disso é profundo, pois não se trata de um cientificismo banal. Esse neocientificismo está centrado sobre o motivo da formalização, colocando-se na escola dos êxitos da linguística estrutural, singularmente da fonologia. Ele pode ler nos dispositivos dominantes das ciências humanas, o marxismo e a psicanálise, teorias veladas da forma: aparelhos psíquicos para a segunda, que são formas do Sujeito; modos de produção para o primeiro, que são formas da História.

Althusser e Lacan, cada qual a seu modo, colocam-se nesse movimento e assumem o ideal de cientificidade, seja o ideal de formalização, um para distinguir radicalmente a ciência da história da ideologia, o outro para fazer dessa formalização, num texto canônico, o ideal da própria psicanálise. Estamos, pois, num contexto em que a questão do saber, em sua modalidade mais rígida, mais dura, a das ciências formalizadas como a lógica, a matemática ou o núcleo fonológico da linguística, é paradigmático.

Ora, eis que se instala, no coração e no fim dos anos 1960, uma disposição totalmente contrária. Tal é o paradoxo inicial que nos cabe considerar para ter um entendimento fundado da trajetória de Rancière. Esse paradoxo é efetivamente talvez o exemplo originário e subjetivamente decisivo do que ele nomeará mais tarde (e são, para ele, categorias capitais) a relação de uma não relação, ou a não relação pensada como relação.

Relembremo-nos que na China, a Revolução Cultural se desenrola entre 1965 e 1968 em seu período de intensa atividade e que ela traz precisamente, em seu coração, a questão das formas de autoridade do saber. A revolta estudantil se faz contra o que os guardas vermelhos chamam de "pedantes acadêmicos", dos quais reivindicam a destituição e que não hesitam em maltratar cruelmente. Temos, em grandíssima escala, uma revolta antiautoritária que visa à derrubada das hierarquias fundadas sobre a detenção de um saber. As revoltas de fábrica, que encontram sua forma política precisamente em janeiro de 1967, em Shangai, são igualmente revoltas anti-hierárquicas que questionam a autoridade dos engenheiros e dos chefes fundada sobre o saber técnico-científico. A ideia é que a experimentação operária direta tem uma importância pelo menos tão grande. Eis uma sequência que vai ser referencial para muitos jovens filósofos, Rancière e eu, entre outros, no exato momento em que estávamos engajados numa apologia do conceito científico e de sua autoridade liberadora. A questão de saber se estávamos certos ou errados em estar fascinados pela Revolução Cultural é um debate marginal. O fato é que um imenso fenômeno político parece polarizado sobre a questão da denegação ou da contestação revoltada do conjunto das autoridades fundadas sobre a detenção de um saber. Assim, ele constitui, para os cientistas revolucionários que tendíamos a ser, o mais violento dos paradoxos íntimos.

Mas retornemos à França. A partir de 1967 ocorre toda uma série de revoltas operárias de fábrica, que começam antes de 1968 e prosseguem em seu começo antes do mês de maio. Essas revoltas são de tipo novo, porque, organizadas por núcleos de jovens operários, frequentemente não sindicalizados, elas se propõem também abalar as hierarquias internas da usina, o que toma a forma primeiramente de uma reticência, até mesmo de uma franca oposição com relação ao enquadramento sindical dos movimentos, e em seguida de uma vontade bem sistemática de humilhação das autoridades. Nos meses que se seguirão, essa vontade culminará na generalização de uma prática bem violenta: o sequestro dos patrões. Indico a todos uma espécie de resumo estilizado de tudo isso no filme de Godard, *Tout va bien*, que se pode considerar como um documento artístico sobre o modo como as consciências se educam precisamente pela experiência de uma relação transtornada entre saber e poder.

Enfim, preparada igualmente a montante por vários movimentos de dissidência, notadamente sobre a segregação sexual e social, a revolta estudantil de Maio de 68 e dos anos que se seguirão está explicitamente dirigida contra a organização vertical da transmissão do saber. Ela incide efetivamente sobre a questão das autoridades acadêmicas, da escolha das formações, das etapas do curso, do controle dos conhecimentos, da possibilidade de uma autoformação dos grupos estudantis, que se organizariam para fazê-lo na ausência de toda figura do professor-sapiente.

Esses acontecimentos organizam o paradoxo: a báscula entre uma espécie de ideologia filosófica dominante sob o paradigma do absolutismo dos saberes científicos e uma série de fenômenos político-ideológicos que, em sentido contrário, desenvolvem a convicção de que a conexão entre saber e autoridade é uma construção política opressiva, que deve ser desfeita, se preciso pela força.

Daí decorre que para Rancière como para mim e para muitos outros, que praticamos o paradoxo de modo diferente mas com que todos nos deparamos, vai surgir uma questão considerável: como desligar, desfazer as figuras existentes de relação entre o saber e a autoridade, entre o saber e o poder? Essa questão emerge como que naturalmente no contexto do qual falava, a partir do momento em que se coloca do lado do movimento, o que é na época nosso gesto inaugural de professores. Mas eu penso que a questão se desenvolve sob uma forma mais complexa em torno do problema seguinte: se cabe destituir a autoridade do saber, estabelecido como função reacionária nas figuras opressivas pelas quais o saber se encontra monopolizado, como, então, vai se transmitir a experiência? A questão da transmissão se torna uma questão particularmente aguda. Se o conceito não tem a primazia, se a prática, a experiência efetiva são as verdadeiras fontes da emancipação, como essa experiência se transmitiria? E, de saída, é claro, a própria experiência revolucionária. Quais são os novos protocolos de transmissão, uma vez que se desfez, desligou-se, suprimiu-se a canônica autoridade do poder e do saber conjugados que servia institucionalmente de lugar para essa transmissão? O que é uma transmissão que não é uma imposição?

Pode-se também perguntar: qual é a nova figura do Mestre, se se exclui toda validação pela autoridade institucional? Haveria mestres fora da instituição, ou não há mais mestre algum? Essa questão do mestre, vocês conhecem sua importância na obra de Rancière, mas ela é também absolutamente crucial na obra de Lacan. Ela emerge contextualmente não somente da questão abstrata ou genealógica das relações entre saber e poder, mas também, mas sobretudo, do que nos é imediatamente legado pelo engajamento no movimento de massa mundial dos jovens e dos operários entre 1965 e 1975, pelo menos.

Eu assinalo que desde a origem da Revolução Cultural Mao havia formulado essa questão crucial da transmissão fora das instituições sob a forma: o que se deu com os sucessores da causa do proletariado? E como ele próprio concedia seu apoio à revolta estudantil, em seguida às revoltas operárias, ficava claro que essa questão da transmissão não podia passar pelos canais da autoridade estabelecida, nem mesmo pelos canais do Partido Comunista no poder, Partido que, depositário da autoridade e concentrado suposto da experiência, tornava-se a cada dia o alvo principal em todo esse negócio. O resultado foi a ereção pelo movimento de Mao em figura de mestre absoluto. À questão: há mestres fora da instituição, a resposta foi: o mestre desligado da instituição é o próprio mestre do movimento. Ele é o mestre paradoxal, visto que ele é o mestre do movimento que destitui os mestres. Mas o que era Mao? Um nome próprio. O que propuseram os guardas vermelhos era uma subsunção da revolta, estilhaçada, infinita, pela transcendência de um nome próprio. A autoridade do nome singular substituía a das instituições disparatadas e burocratizadas. Transmitir queria dizer: estudar coletivamente o que se encontra à altura do nome. Tal é o papel do Livrinho vermelho dos pensamentos de Mao: dar forma, no calor da experiência, a isso do que o nome é o guardião. Não mais temos sequer uma ideia do entusiasmo dessa doação de forma, da exaltação que reinava, então, em torno do tema do estudo, tanto ela estava ligada a trajetos políticos inéditos, a ações sem precedentes.

Ali se encontra um exemplo característico dos problemas e das soluções transitórias da época. O próprio Lacan afrontou pessoalmente a questão da mestria. Ele não apenas produziu um matema do discurso do mestre, como também meditou acerca da relação entre mestria, transmissão e instituição. Ela avançou particularmente a ideia notável de uma espécie de equivalência, para as novas escolas de psicanálise, lugares de transmissão de sua experiência, entre fundação e dissolução. Se seguirmos a gênese, em Lacan, de uma instituição verdadeira, constatamos de saída que ela se encontra sob a garantia radical de um nome próprio de um mestre em exceção das formas instituídas de mestria (ali também, "Lacan", tal como "Mao", diz-se de uma condição de transmissão). E vê-se em seguida que, para que ela não faça "efeito de cola" e possa, todavia, assegurar a transparência de uma transmissão, ela deve estar dia após dia na beira de sua própria dissolução.

Todo esse contexto, como paradoxo histórico e subjetivo, é nossa origem, origem de nós, a "geração", como se diz, que foi atingida por Maio de 68 como que por um raio. E essa origem esclarece o trajeto do pensamento de Rancière, ela o esclarece no longo curso, pela simples razão de que, diferentemente de tantos outros, Rancière jamais a negou. É pela mesma razão que ela esclarece também meu próprio trajeto. De tal modo que renegando, eu próprio, o início dessa exposição, vejo-me obrigado a fazer ainda assim um certo uso da comparação de Rancière comigo mesmo.

Recaio evidentemente em minha dificuldade inicial: como fazer a comparação de Rancière comigo sem revelar imediatamente que Rancière está errado, e eu estou com a razão? Em meios restritos, porém internacionais e, sejamos despudorados, significativos, a comparação Rancière/Badiou está se tornando pouco a pouco canônica. Nós disso não extraímos, tanto um quanto outro, nenhum orgulho particular. Cheio de bom senso, Jacques disse-me um dia: "Você sabe, nós avançamos à antiguidade". É verdade, mas podemos nos gabar de que se trata de uma antiguidade fiel, e não de benefícios sociais que encontraram certos colegas numa ruidosa renegação ("Nós nos enganamos, que horror, acreditamos no comunismo, fomos totalitários, sim, sim, sim, viva a demo-cracia!...").

Digamos algumas palavras de natureza metodológica no que tange a esse exercício que se tornou a comparação de Rancière comigo. Via de regra, ela tem três funções. A comparação serve de saída frequentemente para elaborar um dispositivo crítico, colocando-nos um contra o outro, a propósito de objetos como Mallarmé ou Platão, ou Straub, ou Godard. Por vezes ela serve de método sintético para constituir um problema supostamente despercebido, mas que circula "entre" nós dois. Enfim, ela serve de esclarecimento positivo sobre o trabalho de um dentre nós. É essa terceira função que vou assumir, tentando a cada vez, de modo mais ou menos desastrado, dar-me o papel ruim. Eu manterei o axioma "somente falar bem de Rancière", ainda que seja ao preço de só falar mal de mim.

Quanto ao problema que se encontra no coração do contexto que mencionei, qual seja, não apenas a relação entre poder e saber, porém mais singularmente a questão da transmissão quando se desfaz o laço instituído entre o saber e o poder, eu diria que Rancière atém-se a isso em razão de uma hipótese democrática, quanto às figuras possíveis de uma transmissão de novo tipo. Eu chamo de "democrática" uma hipótese ligada à irrupção, ao movimento, à multidão, à inscrição lancinante. E também a uma distinção "social" entre pessoas de baixo e pessoas de cima. Esse tipo de circunstância, combinada a esse tipo de distinção, funda uma correlação entre um regime de transmissão e de mestria novo e a defecção, sempre incompleta, de antigas práticas instituídas. Como pano de fundo, encontra-se a correlação dos motivos de desigualdade e de igualdade em sua articulação efetiva, na não relação tal como ela é por sua vez relacionada.

Minha primeira observação é que essa hipótese obriga Rancière a operar mediações de caráter histórico. Efetivamente, uma hipótese democrática assim concebida apoia-se em observações que dizem respeito ao desfuncionamento de certo regime instituído de partilha. Por meio desse desfuncionamento insinua-se como por uma brecha a possibilidade de partilha diferente do poder, dos saberes, dos corpos ativos e finalmente do inteiramente visível. E essa partilha diferente traz à luz uma modalidade nova da transmissão, modalidade frágil, transitória, que não passa mais de modo algum pelos canais do saber instituído, mas que se inscreve precisamente ali onde muda a distribuição das insígnias do saber-poder. Ali onde se realiza a inscrição de uma parte do que, na antiga distribuição, era sem-parte. Essa transmissão é realmente democrática, porque se articula diretamente sobre um diferencial com relação ao regime de partilha instituído. Ela incide no ponto onde a *polis*, a Cidade virtual do coletivo dos iguais, separa-se repentinamente, ao mesmo tempo que permanece em contato, da "polícia", regime das partilhas instituídas, e das partes desigualmente distribuídas, incluindo o sem-parte como figura obrigatória de toda re-partição.

Eu insisto sobre o fato de que o balanço de época de Rancière organiza as consequências de uma hipótese democrática renovada, muito simplesmente porque minha própria hipótese não é a dele. A bem da verdade, e aqui começo a endossar o papel ruim, creio mesmo que minha hipótese seja muito simplesmente aristocrática. A emergência de uma nova transmissão supõe para mim a constituição pós-acontecimentual dos efeitos de um corpo heterogêneo. Ora, esse corpo heterogêneo encontra-se numa dimensão não imediatamente democrática, porque sua heterogeneidade afeta de modo imanente, mas separador, a multiplicidade, o *demos*, no seio do qual ela se constitui. O que possibilita, se não a existência, ao menos a propagação da hipótese igualitária não está ela-mesma num regime imediatamente igual. É um pouco como as matemáticas: o que há de mais igualitário do que seus puros encadeamentos? Os pensamentos são estritamente idênticos diante desse jogo formal cujas regras estão inteiramente explícitas, e onde tudo está inscrito e nada está oculto? É bem por essa razão que Platão, concedendo-lhe o estatuto de vestíbulo obrigatório da dialética, dispõe a matemática na mais convincente igualdade. Tal é seu democratismo próprio: a igualdade em face da Ideia. Não obstante, todo mundo sabe que a formação do corpo de teoremas e a organização de sua transmissão integral é o trabalho de um grupo sempre finalmente estreito de matemáticos criadores. Donde se segue que os matemáticos propriamente ditos constituem um meio bem aristocrático, ainda que sua postura desinteressada e a sua colocação a serviço do universal de todas as suas capacidades não deixem margem para dúvida. É dessa constatação, ou desse paradigma da democracia profunda, que Platão tirou suas conclusões quanto à raridade dos guardiões, ao mesmo tempo que as que ratificam sua igualdade radical, mulheres inclusas, e seu desinteresse comunista absoluto (eles ignoram a propriedade privada). É nesse sentido que falo de uma aristocracia da transmissão, aristocracia "comunista", cujo problema hoje em dia é que ela deve se subtrair de tudo que evoca a forma-Partido.

Para evitar se haver com esse problema, Rancière permanece o mais próximo possível do processo coletivo tal como ele opera o dilaceramento das formas estabelecidas da transmissão e não se preocupa em ir mais longe na investigação dos meios de uma organização material das consequências.

Eis a forma mais condensada de nossa diferença: temos dois oximoros distintos. O de Rancière é o *mestre ignorante*, o meu é uma *aristocracia proletária*. Evidentemente, em certos aspectos, esses dois oximoros, que são duas máximas do juízo, são bem próximos. Visto de longe, é a mesma coisa. Mas visto de perto, é extremamente diferente. Por quê? Atemo-nos ali a uma questão filosófica que se pode dizer precisa, bem formada. Por que será que "mestre ignorante" permanece insubstituível, como balanço do paradoxo dos anos 1960 e 1970, pela "aristocracia proletária"?

O oximoro do mestre ignorante ativa seu lugar, que é o lugar do não lugar, nos coletivos contingentes. Ele ali opera uma transmissão sem garantia nenhuma de tudo que ocorre, e que ele homologa de tal modo. O mestre ignorante é uma ativação, disposta numa espécie de universalidade potencial, do que está ali, do que ali se tornou. O fenômeno histórico dessa transmissão é ao mesmo tempo imediato e sequencial.

O que chamo de aristocracia proletária é uma aristocracia igualmente contingente, mas que se coloca antes prescritiva do que testemunha democraticamente as potências da ocorrência [*avoir-lieu*], do devir localizado do fora-de-lugar. Ela prescreve o que lhe importa e transmite, ela também, sem nenhuma garantia. Mas ela transmite por *incorporação de sua própria duração*, o que é um modo totalmente diferente da transmissão. Eu apenas o introduzo aqui para esclarecer o oximoro do mestre ignorante e para dizer que são dois nomes acasalados e novos, destinados a nomear no pensamento um certo balanço do contexto paradoxal de que falava ainda há pouco.

Essa dualidade conduz a usos partilhados mas ao mesmo tempo diferentes de todas as espécies de coisas. Por exemplo, Platão.

Rancière e eu sabemos evidentemente – como o sabia Foucault, que teria rido de se ver a ela atribuído – que a dialética disjuntiva do saber e do poder é antes, em filosofia, um problema platônico. Platão argumenta em inumeráveis páginas sobre a proposição segundo a qual há um laço obrigatório entre os protocolos da aquisição do saber e a distribuição dos lugares de poder, a disposição hierárquica da Cidade (os guardiões, os guerreiros, os artesãos...). De sorte que Platão foi para Rancière e para mim um interlocutor invariante e fundamental. Platão é como uma crista divisória, e creio que andamos sobre a mesma crista, mas sem olhar do mesmo lado.

Se observarem a construção da *República*, paradigmática nesse assunto, notarão que se pode tratar esse texto seja mirando do lado da distribuição global dos lugares que ele opera, do lado de sua visão do social, dir-se-ia hoje, seja concentrando a atenção sobre a educação dos guardiões. No primeiro caso, chega-se à conclusão de Rancière, que é que a essência de Platão é a crítica da democracia. Por quê? Porque o princípio que governa a distribuição dos lugares é que aquele que apenas faz uma coisa, que se encontra restrito a somente fazer uma coisa, não pode participar realmente da direção dos problemas políticos. Rancière insiste muito nesse ponto. Em última instância, o que funda o antidemocratismo "social" de Platão não é tanto a necessidade do ócio erudito ou a divisão rígida entre trabalho manual e trabalho intelectual. Não, o que é essencial é uma vez mais a questão do Um e do múltiplo. A distribuição hierárquica dos poderes em Platão é comandada pela convicção de que aquele que é destinado às tarefas produtivas somente pode fazê-lo se apenas as fizer. Para o artesanato (a "técnica", ali compreendida a técnica poética, a arte), o princípio do Um é rígido: uma tarefa, um homem. Há, pois, uma *univocidade prática*. Em revanche, os guardiões da Cidade, dito de outro modo, os chefes políticos, são obrigados a fazer várias coisas ao mesmo tempo, mesmo se são desincumbidos da produção manual. Por exemplo, eles devem praticar matemáticas, ginástica, artes marciais, filosofia dialética...

Pode-se dizer que em nossas visões gerais de Platão, Rancière insiste na dimensão reativa da univocidade prática (cada um em seu local), e eu na multiplicidade teórica (o local dos dirigentes, desde sempre, se des-loca). Se, abstração feita do esquema "social", considera-se os guardiões como uma metonímia da humanidade polivalente, lê-se em Platão um paradigma comunista. É que há coexistência, nos diálogos, de uma hierarquia severa que coloca no ponto mais baixo o artesão produtivo e de um comunismo genérico que chega até a hipótese, considerada por Sócrates como terrificante mas inevitável, da participação das mulheres na direção dos negócios. A partilha de Platão é, então, uma projeção dessa divisão entre o oximoro do mestre ignorante, que organiza o pensamento do lado da univocidade prática, da hierarquia "social" e de seu lado insuportavelmente antidemocrático, e o oximoro da aristocracia proletária, ou comunista, que pelo contrário extrapolaria a visão platônica dos guardiões como paradigma da multiplicidade polivalente, da humanidade genérica (ou sem classe) como suporte real da igualdade autêntica.

Platão conclui dessa relação entre saber e poder que a questão-chave da política é a educação. É, pois, interessante se perguntar como Rancière trata filosoficamente a educação. Poder-se-ia, para tencionar um pouco as coisas, observar que, em Foucault, a antidialética do saber e do poder não conduz de forma alguma a uma teoria da educação. Ela busca antes do lado do que se poderia chamar de imprevisibilidade diagonal das práticas, e singularmente das práticas locais patológicas, excessivas, plebeias, que estão nos limiares do inominável e que, nesse sentido, traçam espécies de diagonais no esquema de articulação entre saberes e poderes.

É chegado o momento de sustentar que Rancière ocupa uma posição absolutamente original, em razão do sistema de formalização que ele pouco a pouco extraiu da experiência paradoxal donde eu parti. Há uma circulação de Rancière cuja singularidade merece que se tome a medida, circulação que sua escritura organiza entre as origens propriamente filosóficas da questão, um material extraído notadamente das experiências e das inscrições operárias do século XIX, as teses dos contemporâneos, particularmente as de Foucault, o exame da posição dos sociólogos e dos historiadores, com as contendas significativas do lado da Escola dos Anais, a literatura ou mais geralmente a estética e finalmente o cinema. Se observarem essa circulação, vocês verão que ela possibilita uma formalização do que podia ser nossa situação no contexto dos anos 1960/1970. O material heterogêneo da produção de Rancière prepara, em minha opinião, uma formalização convincente da experiência paradoxal originária.

Em se tratando do problema da educação, pode-se dizer isto: Rancière não afirma que a educação ocupa uma posição central no processo político. Nesse sentido, ele não valida a conclusão platônica. Mas tampouco afirma o contrário, a saber: que a educação é uma superestrutura sem nenhum privilégio. É um bom exemplo, e talvez a fonte do que chamo seu estilo "mediano". Por "mediano" não quero dizer centrista, mas antes o que não é nunca conclusivo. Esse estilo mediano resulta do fato de que Rancière busca sempre um ponto donde as soluções herdadas entram num jogo que as obscurece, esse obscurecimento que tem o valor de demonstrar que essas soluções não têm a evidência que pretendem.

Rancière foi instruído, para todo o sempre, pelos acontecimentos de que falei no início. Ele dali extraiu – como eu mesmo o fiz – a convicção de que a luta é sempre uma *luta diante de dois* fronts. Era o grande ensinamento do maoísmo. Em política, a luta nos opunha naturalmente aos detentores do poder burguês, capitalista e imperialista, mas essa luta principal só era possível se nos erguêssemos também contra o partido comunista e o sindicalismo institucional. Cabia decerto derrubar o imperialismo norte-americano, mas não se poderia esperar consegui-lo senão estigmatizando a cumplicidade do social-imperialismo soviético. Para resumir: uma verdadeira esquerda revolucionária combate a direita e a "esquerda" oficial. Tal era o contexto bem potente e muito amplo que se manteve até o início dos anos 1980, e que estruturava a ideia de uma luta em dois *fronts*.

Sobre os pontos teóricos que ainda nos interessam hoje, havia também uma luta em dois *fronts*. Havia a luta contra a ideia de que a política pudesse ser dependente de uma ciência, e logo de uma transmissão instituída. Contra a ideia de que, consequentemente, a política deveria ser ensinada aos operários ignorantes, às pessoas do povo, por peritos, ou seja, pelo Partido da classe operária. Mas Rancière luta também contra a ideia de que a política possa ser uma espontaneidade cega, uma energia vital estrangeira ao conceito e inteiramente absorvível no gesto da revolta. Não há o Partido sapiente por cima do movimento, tampouco uma imanência movimentista vital de tal sorte que o gesto da revolta absorva ou estanque a totalidade da substância política.

No primeiro *front*, Rancière deverá, assim como eu nos mesmos anos, romper com Althusser e escrever *La Leçon d'Althusser*. É que para Althusser a ciência permanecia sendo o ponto fixo com o qual se garantia a divisão das ideologias, razão pela qual ele permaneceu fiel ao Partido por um tempo extremamente longo, bem após a consequência da qual eu falo. É preciso levar em consideração que detrás de Althusser, que é a figura do mestre sapiente, pode-se encontrar o que os maoístas da época chamavam de "leninismo ossificado". Era a convicção, destacada de todo movimento, de que a consciência chega aos operários de fora, que ela não é imanente a um saber operário qualquer, que esse de fora é a ciência positiva da história das sociedades, o marxismo.

Mas é preciso não esquecer que há um novo *front*. Rancière deve destacar a política de toda identificação vitalista e manter firmemente o estatuto de declaração, a consistência discursiva, a figura da exceção. Ele disso não faz o prolongamento ativo das formas de vida tais quais. Sua tese é, pois, que se a política não é transitiva à ciência, primeiro *front*, ela nem por isso deixa de ser produtora de saberes multiformes, que são necessários, ali incluídos os atores operários dos conflitos. E nesse *front* ele aciona uma dialética inteiramente nova do saber e da ignorância.

Finalmente, a questão do desligamento político do saber e do poder e a necessidade de que haja, não obstante, algo como uma transmissão de tipo novo culmina, no campo conceitual propriamente dito, na proposição de uma dialética do saber e da ignorância e, mais genericamente, da mestria e da igualdade. Creio que essas dialéticas estejam no coração dessa parte capital da obra de Rancière que formaliza sua experiência original.

Essa dialética se resume, ao que me parece, nas duas teses sutilíssimas, sendo mais sutil ainda sua conjugação. Formalizando a formalização de Rancière, eis como escrevo suas duas teses:

a) Sob a condição de igualdade declarada, a ignorância é o ponto onde pode nascer um novo saber.

b) Sob a autoridade de um mestre ignorante, o saber pode ser um lugar para a igualdade.

Reter-se-á, bem entendido, um ponto essencial que se tornou como uma aquisição comum da obra de Rancière: a igualdade é declarada e não é jamais programática. Isso talvez seja evidente para os rancerianos convictos que somos, mas é preciso ver que se trata de um aporte maior de seu empreendimento. É ele que instaurou no campo conceitual contemporâneo a ideia de que a igualdade é declarada e não programática. É uma reversão fundamental, e eu desde muito cedo pronunciei meu acordo absoluto para com essa tese, que cabe conceder a seu autor.

Ainda uma pequena sequência comparativa. Estamos de acordo a respeito da dimensão declarativa da igualdade, mas ainda não temos, dessa dimensão, a mesma hermenêutica. Para mim, que a igualdade seja declarada e não programática, isso significa que a igualdade seja na realidade o axioma invariante de toda sequência real da política de emancipação. Esse axioma é (re)declarado a cada vez que, por razões acontecimentuais, abre-se uma sequência nova da política de emancipação. É o que eu havia chamado, em 1976, num período ainda contemporâneo do contexto inicial, de as "invariantes comunistas". A invariante comunista por excelência é o axioma igualitário como axioma de uma sequência. A igualdade, como declarada, é a máxima de um aristocratismo político às voltas com uma forma especificada ou singular de desigualdade. Aristocracia política contingente que é o corpo ativo que porta a máxima numa sequência singular e que não tem por tarefa senão desdobrá-la na medida dos possíveis da situação. Essa aristocracia é absolutamente contingente e identificável unicamente porque ela é a efetividade do corpo da máxima numa dada sequência.

As coisas se passam de outro modo para Rancière, que desconfia dos princípios e ainda mais do que pode haver de prescritivo na relação dos princípios a uma sequência. Eu diria que para ele a igualdade é simultaneamente condição e produção. Tal é o sentido profundo das duas teses que eu formalizava ainda há pouco. Por um lado, a igualdade é a condição de uma figura nova do saber e da transmissão. Por outro, essa nova figura, que está sob o signo do mestre ignorante, alimenta por sua vez a igualdade, cria um lugar ou um espaçamento novo na sociedade para a igualdade.

A igualdade é condição na medida em que sua declaração institui uma nova relação para com o saber, criando a possibilidade de um saber ali onde a distribuição dos lugares não havia previsto nenhuma. É por isso que o mestre de tal saber apenas pode se declarar ignorante. Nesse movimento de condição, a prescrição igualitária institui um novo regime do saber e de sua transmissão à guisa de uma des-relação imprevista entre saber e ignorância.

A igualdade é produção na medida em que a nova disposição do saber faz existir um lugar de igualdade que não existia anteriormente. Bendiz-se a bela fórmula segundo a qual ganha existência uma parte do sem-parte. Ela me parece, todavia, um pouco demasiado estrutural para recapitular convenientemente o pensamento de Rancière. Pois tudo aqui é processo, advento, lampejo do sentido. E, nesse processo, o que é capital é que a igualdade esteja em dupla ocorrência, de condição e de produção. É esse enlaçamento de duas funções que faz da igualdade o *acontecimento por excelência*.

É o que me conduz novamente à comparação proibida. Sim, pode-se dizer que a declaração da igualdade é para Rancière o próprio acontecimento. O acontecimento na medida em que vai dar lugar a um traço inapagável. Em minha visão das coisas da política, a declaração igualitária é *tornada possível* pelo acontecimento, não se confunde com ele. Ela é o que organiza um corpo, mas sob uma condição acontecimentual que não é homogênea à declaração.

Tecer a comparação leva a discussões bem complicadas, concernentes ao fato de que não temos a mesma maneira de nos despedir do Partido, como a isso nos obriga nossa comum experiência originária.

A despedida que Rancière anuncia ao Partido é uma despedida que não mantém, como tal, o motivo da organização, ele o deixa em suspenso. Se eu decidisse nesse minuto mudar o título de minha conferência, eu diria: "Rancière ou a organização em suspenso". Nele a despedida anunciada é bem atenta quanto a permanecer no ponto mais próximo da inscrição. Isso não quer dizer que ele esteja a favor do movimento e contra o Partido, ele quer estar no ponto mais próximo da inscrição. Ponto supranumerário, inscrição inapagável, isso numa distância, numa relação não relacionada, isso, disso estamos certos, isso existiu, isso existe, por vezes a história disso dá testemunho, pode-se, pois, homologá-lo.

Eu sigo, mais do que Rancière, na preocupação, na dificuldade de me despedir do Partido de tal modo que não seja sacrificada esta evidência: a *continuidade* política é necessariamente organizada. O que é um corpo político heterogêneo, aristocraticamente portador de igualdade, que não seja herdeiro ou imitador do partido sapiente pós-leninista, do partido dos peritos? Filosoficamente, essa diferença entre a colocação em suspenso do princípio organizacional e sua manutenção no centro das preocupações políticas tem repercussões consideráveis no tratamento da relação entre acontecimento, inscrição, corpos e consequências. Chegamos finalmente a duas definições filosóficas da política que são vizinhas, mas também suficientemente distintas para nem sempre serem amigas uma da outra.

De fato, a inteligência completa das duas teses de Rancière (sobre a dupla ocorrência da igualdade) supõe que se possa concluir quanto a algumas definições concernentes à política. A dificuldade de extrair de um texto de Rancière algumas definições *precisas* não tem origem teórica. Não creio que seja porque sua inclinação antiplatônica é tal que ela o conduziria a recusar as definições, supostamente inadequadas à transcendência das Ideias. Pelo contrário, sua prosa é bem definicional, há muitas fórmulas bem-cunhadas que se parecem com definições, isso ao ponto de por vezes eu me dizer que ele é *demasiado* definicional e não suficientemente axiomático e que, pois, ele talvez esteja do lado de Aristóteles... Mas isso é para mim uma acusação tão grave que eu a retiro imediatamente!

Sem dúvida caberia antes pensar que a dificuldade concernente à precisão seja uma dificuldade formal, ligada ao estilo filosófico de Rancière. Esse estilo é bem singular. Ele é violento e compacto e não cessou, decerto, de nos encantar. Não obstante, para um platônico como eu, em filosofia o encanto é sempre equívoco. Mesmo e sobretudo em Platão! Quando ele nos encanta, o que lhe acontece frequentemente, é que ele busca passar de través um equívoco.

O estilo de Rancière tem três características. Ele é assertivo, encadeia as afirmações, mas numa espécie de fluidez singular que faz com que a asserção seja *conduzida* pelo estilo. Seria bem interessante compará-lo detalhadamente ao estilo de Deleuze, que é igualmente um estilo assertivo, mas de outro tipo. Em segundo lugar, é um estilo sem descontinuidade argumentativa. Não há momentos em que ele proponha uma demonstração separada, apoiada numa tese identificável. É, enfim, um estilo que busca um enrolamento conceitual em torno dos exemplos, com o objetivo de criar certas zonas de indecidibilidade entre o efetivo e o conceito. Não se trata de modo algum de um empirismo. Muito antes, que Jacques me perdoe, de uma inflexão hegeliana: trata-se de mostrar que o conceito está *ali*, no real das irrupções históricas como na efetividade de sua conduta prosódica. Evidentemente, meu estilo próprio é certamente mais axiomático e formular e contém mais dimensões argumentativas separadas. Em todo caso, os procedimentos estilísticos de Rancière, afirmações fluidas, sem descontinuidades argumentativas, enrolamento exemplificante, tornam difícil extrair do texto definições precisas.

Eu gostaria de fazê-lo ouvir, esse estilo. Tomemos uma passagem famosa, que justamente se aproxima da definição da política e rearticula quase todos os temas que roçamos essa noite. É o início do fim de *La Mésentente* [O dissenso]:

> A política existe ali onde a conta das partes e das partições da sociedade é perturbada pela inscrição de uma parte dos sem-parte. Ela começa quando a igualdade de seja quem for com quem quer que seja se inscreve em liberdade do povo. Essa liberdade do povo é uma propriedade vazia, uma propriedade imprópria pela qual os que não são nada colocam seu coletivo como idêntico ao todo da comunidade. A política existe desde que formas de subjetivação singulares renovem as formas de inscrição primeira da identidade entre o todo da comunidade e o nada que a separa dela própria, ou seja, a única conta de suas partições. A política deixa de existir ali onde essa separação não tem mais lugar, onde o todo da comunidade é conduzido sem resto à soma de suas partições (p. 169).

É o que chamo de estilo violento e compacto. A inteligibilidade do movimento está inteiramente construída pela sintaxe. Digamos que o estilo de Rancière seja um estilo essencialmente sintático, com uma distribuição semântica singular da relação entre conceito e exemplo. É pois difícil extrair desse texto definições precisas de coisas como a política, a igualdade, o mestre, o saber... Mas eu gostaria de fazê-lo ainda assim.

Comecemos por uma definição bem singular. O que se pode chamar de o "fim" de uma política, e mesmo o fim da existência, numa conjuntura dada, da atividade política? Trata-se aqui das sequências em que existe uma política de emancipação. A política cessa, diz-nos Rancière, quando o conjunto (o coletivo) é conduzido sem resto à soma de suas partes. Com relação a esse ponto, eu observaria uma diferença bem sugestiva entre Rancière e eu, uma diferença um pouco mais esotérica que outras, porque ela é de natureza ontológica. Essa história da soma das partes supõe uma ontologia do múltiplo que Rancière não nos oferece verdadeiramente. Porque na realidade, se formos rigorosos, simplesmente um conjunto não pode ser conduzido à soma de suas partes. Há sempre algo que, na conta das partes, excede o próprio conjunto. É precisamente esse excesso que nomeei de estado, o estado do múltiplo, o estado da situação. O momento em que um coletivo nada mais é do que a gestão da soma de suas partes, é o que Rancière chamaria de polícia, e que eu chamo de estado. Mas tão logo a frente a coisa bifurca. Para Rancière, o protocolo de cessação da política é o momento no qual se restaura o estado do coletivo, a polícia das partes. É então que para mim não poderia ter cessação da política nesse sentido, pela razão de que o excesso do estado é irredutível. Há sempre algo no estado cuja potência excede à apresentação pura do coletivo. Há algo não apresentado no estado. Não se pode pois imaginar que a política cesse na figura de um conjunto conduzido à soma de suas partes. Não irei mais longe, mas isso significa que, para mim, não há descrição estrutural possível disso que é a cessação da política. É por isso que não tenho em geral o mesmo diagnóstico que Rancière *sobre sua existência*. Porque não temos os mesmos protocolos de diagnóstico quanto ao que é a cessação. Há, para ele, uma forma estrutural designável do fim da política, é o momento em que o supranumerário se encontra abolido em proveito de uma restauração sem resto da totalidade como soma de suas partes. Dispondo de um protocolo de cessação da política, ele pode designar seu absenteísmo, seu fim. Como não me sirvo desse protocolo, a questão da política permanece, estruturalmente ao menos, sempre aberta. É provavelmente o lugar puramente ontológico de uma diferença no diagnóstico que porta sobre a conjuntura. E, sem dúvida, isso é a raiz de uma diferença empírica: Rancière, contrariamente a mim, não faz mais, há muito tempo, política organizada.

Agora, pode-se definir a igualdade? A igualdade é uma declaração, decerto situada num dado regime de desigualdade, mas que afirma que tem lugar um tempo de abolição desse regime. Não é o *programa* da abolição, é a afirmação de que essa abolição *tem lugar*. Estou profundamente de acordo com esse gesto essencial. Vê-se, então, que o exercício da igualdade é sempre da ordem das consequências e jamais da ordem do que persegue um fim. Causalidade, ou consequências, e não finalidade. É essencial. O que se pode ter, e que se trata de organizar, são as consequências da declaração igualitária, e não os meios da igualdade como fim. Nesse ponto também estou absolutamente de acordo. Na conceitualização de Rancière, segue-se que a igualdade não é jamais uma ideia. Ela não é suscetível de sê-lo, visto que ela é um regime da existência coletiva num dado tempo da história. A declaração cujo conteúdo (as formas mudam) é "somos iguais" é um termo situado, ainda que historicamente supranumerário, que se torna real em suas consequências. Tal é a visão de Rancière. Para mim, fundamentalmente, a igualdade é uma Ideia, num sentido bem particular. Ela é uma Ideia porque é uma invariante de declaração política tal como ela se constitui nas sequências da política de emancipação. Ela *é*, pois, eterna em seu ser, ainda que sua constituição local num mundo determinado seja a única forma possível de *existência*. Falando de eternidade e de diferença entre "ser" e "existir", assumo uma vez mais, vocês convirão, o papel do retardado dogmático. É sem dúvida aqui que opera, no coração mesmo da ação política, uma separação entre platonismo e não platonismo ou antiplatonismo: o estatuto ideal ou não ideal da igualdade. Ao mesmo tempo, concordaremos em dizer que o exercício da igualdade é sempre da ordem das consequências. Será que esse acordo prático bastaria para contrabalancear o desacordo ontológico? Sem dúvida que não, ou sem dúvida localmente, em certas circunstâncias, mas jamais na continuidade. Muito simplesmente porque a eternidade do axioma igualitário se engaja num tipo de continuidade que Rancière não pode assumir como tal.

Sobre essas bases – política, igualdade – pode-se empreender, e é a terceira definição, uma crítica da figura do mestre. Seria, aliás, interessante fazer um levantamento das figuras do mestre na filosofia francesa contemporânea. A crítica da mestria em seu sentido estabelecido propõe uma figura nova que Rancière descreve de uma maneira refinada. Essa figura, na parelha mestre ignorante/comunidade de iguais, tem o poder de desfazer o laço instituído por Platão entre mestres dos saberes e o dirigente da Cidade, entre saber e poder. Na linguagem de Lacan, isso significa pôr fim à confusão entre o discurso do mestre e o da universidade. Creio que foi sobre esse terreno que Rancière deu prova da fecundidade dos recursos que extraiu na invenção operária e revolucionária do século XIX. Cabe saldar esse gesto extraordinário, que é um gesto de ativação dos arquivos, na minha opinião mais eficiente, menos melancólico, que o gesto foucaultiano. O arquivo operário, tal como se expõe remexido e reativado por Rancière em textos magníficos, mostrou sua fecundidade especulativa precisamente no ponto de uma figura absolutamente original da transmissão, de uma verdadeira substituição das questões originárias da qual falava no início. Eu diria, em minha linguagem, que Rancière encontrou uma forma de eternização conceitual de nossos paradoxos nativos. Ele produziu uma Ideia nova da transmissão fora da instituição.

Tudo isso, enfim, reage sobre o que é um saber. O saber enquanto se encontra sob condição da máxima igualitária, numa nova relação com a ignorância, e elaborando, por sua vez, um novo lugar para a igualdade, é um saber evidentemente deslocado com relação ao saber instituído. Em meu próprio jargão, é o mesmo que dizer que obtemos um saber que se encontra *à altura de pelo menos uma verdade*. Para Rancière, eu penso que um saber, um verdadeiro saber, é o que a declaração de igualdade esclarece ou dispõe num regime de desigualdade. O que uma ignorância presumida, nomeada como tal num regime de desigualdade, produz, desde que seja submetida à autoridade da declaração igualitária, como novidade no discurso. Ter-se-ia dito outrora: é um saber revolucionário ou emancipador, um *verdadeiro* saber, no sentido em que Nietzsche fala de um *gaio* saber. Pode-se dizer também que um tal saber é o que produz de efeito sobre uma consciência o encontro real de um mestre ignorante. E ali estamos, aliás, bem próximos do que Rancière considerava como o "bom" Platão. Porque evidentemente, como todo antiplatônico, ele tem seu bom Platão. É o Platão que encontrou, ou talvez inventou, o mestre ignorante. O primeiro a ter dito: "a única coisa que sei é que nada sei", ao ser apresentado como o mestre ignorante, é Sócrates. O que produz na consciência das jovens pessoas esse encontro de um mestre ignorante, eis o que merece o nome de novo saber, ou de verdadeiro saber.

Uma vez que se tem tudo isso em mãos, e estou dando evidentemente apenas a ponta do *iceberg*, pode-se retornar para a educação. Creio que a principal transformação da questão da educação por Rancière chegue a destituir a questão "Quem educa quem?". É precisamente essa questão que está mal colocada. Porque ela conduz ora à assunção da figura do mestre, ora à anarquia em que saber e não saber se equivalem na potência da vida, de tal modo que todo mundo educa todo mundo, ou ninguém educa ninguém. É um exemplo canônico de luta em dois *fronts*. Não devemos aceitar nem o Um do mestre sapiente nem o múltiplo inconsistente dos saberes espontâneos. A luta continua contra a Universidade e o Partido, mas também contra os espontaneístas vitalistas, os partidários do movimento puro, ou da multidão *à la* Negri. A nova concepção do laço entre saber e política não valida nem a visão dos partidos esclarecidos, que é despótica, nem a visão anarquizante, que é submetida à opinião e se torna cada vez mais ou menos a manipulação de um regime de desigualdade. Nos dois casos, no vocabulário de Rancière, a *polis* desaparece sob a polícia.

A boa fórmula é a seguinte: *o processo anônimo da educação é a construção de um coletivo das consequências de uma declaração igualitária situada.*

É isso, uma educação emancipadora. A questão "Quem educa quem?" desaparece. Tudo que se pode dizer é: "Nós, nós nos educamos no processo", estando entendido que os contornos do "nós" são a cada vez singulares, mas a cada vez reafirmam em situação que a igualdade é a única máxima universal. Assim concebida, a educação não é uma condição da política, como é o caso em Platão, no leninismo ossificado ou em Althusser. Mas ela tampouco é indiferente à política, como o é nos espontaneísmos ou nos vitalismos da criação imanente do movimento. Caberia dizer, mas tenho a consciência de propor com Rancière, ou em seu nome, uma expressão difícil: *a educação é um fragmento da política*. Um fragmento igual aos demais fragmentos.

Meu acordo formal com tudo isso não deixa dúvida. A dificuldade, o lugar do litígio, é a definição ou a delimitação do "nós" anônimo, na fórmula "nós nos educamos no processo". Não há prescrição em Rancière quanto a esse ponto, não há abertura verdadeira, por causa da democracia. O democrático, num certo sentido, toma por precaução fundamental não circunscrever o "nós", mesmo no conceito. Decerto, ele fala abundantemente do motivo central dos comunismos utópicos, a comunidade dos iguais. Mas ali vê claramente um mito regulador, que além disso é um resultado social, e não um instrumento do processo político. Digamos que não haja, em Rancière, figura estabelecida do militante. Em sentido contrário, na filiação platônica que chamei de aristocrática, o "nós" é o corpo da igualdade, o corpo da máxima num momento dado de seu processo. Certamente, é uma aristocracia contingente. O "nós" não tem outra função senão tratar a relação da não relação, a relação a isso do qual ele é heterogêneo, levar a máxima igualitária o mais longe possível em suas consequências. Ele é, pois, definido por um conjunto de militantes, os militantes que se aglomeram ao corpo situado das consequências do Verdadeiro.

Ser militante, isso quer dizer fazer trajetos, mudar de limiares, definir conexões improváveis... Ora, a conexão improvável maior, no contexto do qual saímos, era a conexão entre intelectuais e operários. No final das contas, toda essa história é também a história dessa conexão. Falamos nesta noite, sem muito parecer tocá-la, da história filosófica ou especulativa da conexão entre intelectuais e operários, como possível ou impossível, como uma relação ou uma não relação, como um distanciamento, etc. É o que no elemento maoísta da época chamava-se a ligação de massa, mas a ligação de massa é dialeticamente a potência do desligado. É num desligamento originário em processo que surge, como uma novidade incrível, a possibilidade dessa ligação. Mas essa possibilidade não constrói sua própria temporalidade senão numa organização política.

Sejamos um pouco mais conceituais. Pode-se recapitular Rancière assim: o que tem valor é sempre a inscrição fugaz de um termo supranumerário. E, quanto a mim: o que tem valor é a disciplina de fixação de um excesso. Para Rancière, o termo supranumerário se deixa descrever num regime dado da desigualdade, como parte do sem-parte. Para mim, o resultado da disciplina de uma verdade se deixa descrever como multiplicidade genérica, subtraída a todo predicado. Para Rancière, não há exceção senão de época, ou histórica. Para mim, somente há exceção eterna.

Isso me dá ocasião de terminar, para que uma ponta de ironia faça consistir minha ética do elogio, por uma observação crítica aguda. Ela concerne a Richard Wagner e está em relação com o tema da potência desligada, ou do genérico, tal qual a arte disso pode produzir a encarnação múltipla. Num de seus livros, Rancière propõe uma interpretação do terceiro ato dos *Mestres cantores*. O tema dos *Mestres cantores* é a necessidade de uma recomposição da relação entre o povo e a arte. Os mestres cantores são uma corporação artística de artesãos que perpetua e ensina uma certa tradição do canto. O personagem-chave dessa instituição está no mais baixo grau do artesanato, pois ele é sapateiro, está quase numa função de intocável, no sentido indiano. Mas eis que chega o tempo em que vai se propor a necessidade de instituir como relação, entre o povo e arte, uma não relação. O que evidentemente esclarece que essa fábula seja exemplar para Rancière, como ela o é para mim. Sempre nossos imperativos originários. Porque chega, na figura de um jovem aristocrata, Walther, um artista novo, uma nova arte, um novo canto. Walther, que se pode entender como Wagner, vem participar do concurso de canto organizado pelos mestres. O prêmio desse concurso é uma jovem para se esposar, a bela Eva. Que uma jovem seja a recompensa da nova arte convém perfeitamente a Wagner, e a muitos outros artistas. Conduzidos pelo medonho Beckmesser, que se pode entender como Meyerbeer, os representantes mais obstinados da tradição se opõem evidentemente a esse novo canto. O personagem central, o sapateiro Hans Sachs, será o mediador da reconstrução de uma relação em que a dimensão do não relacionado do novo canto poderá se inscrever. Ele vai se servir de ardis, intrigar, tudo isso é bem complicado no detalhe, para que o jovem senhor possa finalmente concorrer, ganhar o prêmio, e desse modo que se tenha a construção pública de uma nova relação interna à arte entre a tradição, o povo e a novidade. O objetivo "militante" de Sachs é que a novidade artística seja articulada à tradição, de tal modo que o conjunto seja constitutivo de uma nova relação fundamental entre o povo e sua historicidade, no meio da arte.

O episódio do qual propomos, Rancière e eu, interpretações um pouco diferentes é aquele no qual, vencendo todos os obstáculos, o cavaleiro chega ao concurso, canta sua nova ária e subjuga o povo. Se lhe diz, então: agora, você vai se incorporar aos mestres cantores. Mas, nauseado pelas humilhações que teve de sofrer, orgulhoso e solitário como um maldito romântico que ele é, Walther recusa. É, então, que intervém uma grande declaração do sapateiro. Ele explica a seu jovem protegido que ele deve aceitar, porque é somente se a não relação se constitui como relação que ele tem a possibilidade de ser novamente o instrumento do coletivo. O povo somente será configurável pela arte se a não relação entre a tradição e a novidade for, de uma maneira ou de outra, praticável como relação. Esse longo aparte explica, além disso, que o destino da Alemanha esteja ali em jogo. Hans Sachs sustenta efetivamente uma tese particular e, na minha opinião, bem justa, que é a de que o destino "verdadeiro", ou seja, universal, da Alemanha não pode ser senão a arte alemã. Finalmente, o cavaleiro aceita. O povo não grita, todavia, "viva Walther!", mas "viva Hans Sachs!", e é ao sapateiro que se dá, sob os aplausos, a coroa de louros. Em suma, o povo reconhece que o mestre de todo o processo é o miserável sapateiro.

O que Rancière diz é que tudo isso é perfeitamente melancólico, porque a época da possibilidade de uma relação verdadeira entre a nova arte e os sapateiros já se foi. Quando Wagner termina sua ópera, ela deriva da pura ficção nostálgica – a nostalgia do jovem Wagner que subia a Dresden, em 1848, sobre as barricadas – de imaginar o coroamento público do sapateiro como soberano espiritual da figura da arte. Já estamos, Wagner é disso ciente, num processo de disjunção completa entre as artes de vanguarda e os coletivos populares. É nesse ponto que marco meu diferendo. Essa cena enuncia que se a arte não se reconcilia, na travessia da não relação, com um potente assentimento popular, ela se tornará insignificante e se verá em todo lugar substituída pelo que há de "cultural" consumível, do estereótipo *à la* Beckmesser. Hans Sachs dá figura teatral e musical a uma ideia antecipante, hoje ainda em suspenso, porque o "realismo socialista" que a retomou não pôde se impor: a Ideia de uma grande arte que não fique restrita aos burgueses educados nem degradada em cantarolas estrondosas. Uma grande arte de massa, como pode ser hoje, por vezes, de Chaplin a Kitano, o cinema. Essa Ideia encontra-se, desde o século XIX, no devir tortuoso de sua eternidade efetiva. Coroar o sapateiro Sachs por ter realizado sobre a cena uma Ideia em vias de se tornar eterna é uma justiça feita, mesmo se as dificuldades históricas de seu devir sejam patentes há um século e meio. Isso teria sido talvez mais convincente se, no lugar de cantar uma nova canção, Walther tivesse vindo cantando: eu tenho uma câmera, eu inventei o cinema. É verdade que ele não chega propondo uma arte que seja ao mesmo tempo herdeira das tradições populares e uma intensa novidade artística. Ele nada mais faz do que cantar um canto algo novo. Na verdade, uma das mais belas áreas de Wagner... Mas, enfim, o real da cena está no que ela afirma, não no que ela deplora. Nem a área de Walther nem a declaração de Sachs estão, musicalmente, dominadas pela melancolia. *Artisticamente*, essa ópera é, desde a arquitetura primaveril de sua abertura, a ópera da alegria construtiva. E é interessante ver que se há bem uma renúncia de Sachs (ele sabe que o novo canto é o de Walther, que ele próprio nada mais é do que um mediador e que, consequentemente, embora ele ali esteja como o Pai simbólico e amoroso de Eva, é o jovem homem que deve esposá-la), essa renúncia, como as doçuras vivas do tema da noite de verão, invenção sonora do perfume das tílias, está absorvida na energia geral da história popular, nos modos de uma algazarra cômica no segundo ato, de uma manifestação patriótica e operária no terceiro.

Donde se mostra que a música cria por si mesma uma figura genérica da disciplina artística, *como analogia da disciplina política*, que, por sua vez, após 1848, permanece ainda suspensa e permanecerá, após o esmagamento da Comuna, até Lênin e a revolução de 1917.

Esse diferendo mínimo é interessante, porque toca na relação para com a história. Rancière incorpora a contemporaneidade efetiva ao julgamento que ele traz sobre essa alegoria. E é verdade que as esperanças das revoluções de 1848 são factícias desde 1850. Mas eu raciocino em sentido inverso. Sustento que a alegoria artística seja prospectiva, antecipante, baliza temporal do devir-eterno da Ideia. O desmentido circunstancial da história obriga não à melancolia, mas antes ao desenvolvimento da ideia na tensão de seu devir, ainda que fosse um devir de longuíssimo alcance. É bem assim que o entende Wagner nas fanfarras artísticas do coroamento de Hans Sachs, o sapateiro. E, efetivamente, a questão wagneriana "Quem é o mestre das artes?" foi constantemente apresentada em nossos trabalhos em torno da obra de Rancière, singularmente no que foi dito do cinema.

As ideias que se tornam nos mundos disparates devem ser julgadas não pelo que determinou as circunstâncias de seu fracasso aparente em tal ou qual sequência da História, mas pelo devir ponto por ponto, em travessia de imprevisíveis novos mundos, de sua imposição universal.

ized to serve our ends"

Heróis do Panteão

Jacques Lacan (1901-1981)

Este texto foi publicado na revista quinzenal Le Perroquet, *fundada por Natacha Michel e por mim mesmo, e que foi sem dúvida – pode-se verificar a exatidão deste elogio lendo a coleção completa, de 1981 a 1987 – a mais interessante revista publicada nos anos 1980. Escrita logo após a morte de Lacan, o artigo figurava no número zero da revista, datada de novembro 1981.*
Escrevi muitas vezes sobre Lacan, ou a partir dele. Ele é uma referência essencial de meu primeiro "grande" livro de filosofia, Théorie du Sujet *(1982). Consagrei a ele um ano inteiro de seminário em 1994-1995. Além das duas seções de minhas sínteses sistemáticas que concernem a seu pensamento, respectivamente em 1988 em* O Ser e o Evento *(meditação 37, a última) e em 2006 em* Logiques des mondes *[Lógicas dos mundos] (seção 2 do livro VII), há longos desenvolvimentos admirativos e críticos em* Conditions *[Condições] (1992), em particular no que concerne à relação de Lacan ao conceito de infinito, à noção de saber e à experiência real do amor. Meu texto mais recente e mais completo concernente à questão crucial da antifilosofia lacaniana foi publicado em inglês na revista* Lacanian Ink *(número 27) com o título* The Formules of L'étourdit.[1]

Este que acabou de morrer era tão grande quanto a grandeza se faz rara, muito rara, em nossas terras incertas. As mídias, cujo objetivo universalmente é o de alinhar o que existe sobre a prosa fugaz e restrita

---

[1] Recentemente publicado no Brasil, no livro *Não há relação sexual,* que contém ainda um artigo de Barbara Cassin (Rio de Janeiro, 2013). (N.T.)

do jornalismo, fizeram vê-lo claramente. Por toda parte, foi dada a palavra aos adversários declarados ou aos catadores das latas de lixo.

Que nem mesmo a morte tenha feito calar a inveja é, em todo caso, um signo da barbárie de nossas sociedades. Que psicanalistas anãos, que redatores mirins, para fazer escutar o grito mesquinho: "Enfim ele morreu, aquele que me atravancava! Prestem atenção em MIM!".

De fato, desde o início Lacan havia entrado em guerra contra a consistência ilusória do "eu" [*Moi*]. Contra a psicanálise norte-americana dos anos 1950, que se propunha a "reforçar o eu" e a adaptar as pessoas ao consenso social, ele asseverava que o sujeito sob a determinação simbólica da linguagem é irredutivelmente sujeito do desejo, como tal inadaptável à realidade, se não é no imaginário.

Lacan estabeleceu com efeito que a causa do desejo é um objeto perdido, faltante, e que assim o desejo, articulado sob a lei simbólica, não tem nem substância nem natureza. Não há senão uma verdade.

Essa visão particularmente acre da psicanálise, em que o que está em jogo não é o bem-estar mas a verdade, era convertida na prática de seções de tratamento às vezes bem curtas. O papel crucial e nulo dos psicanalistas é o de fazer brilhar, fulgurância subjetiva, o significante de um corte, por onde transita a verdade do desejo, malgrado o fato de que a psicanálise deva consentir a não ser mais, no final, que o dejeto desse trabalho.

A prática das seções curtas polarizou contra Lacan o que era um verdadeiro ódio da verdade. Ela lhe custou ser literalmente excomungado pela Internacional dos psicanalistas. A necessidade para ele de organizar a transmissão de seu pensamento e de formar analistas em conformidade ao que pensava ser a ética de sua prática conduziu-o a fundar sua própria escola. Mas mesmo aí, as cisões e dissoluções testemunharam uma resistência obstinada a levar até o fim a posição severa que ele promovia.

Tornou-se de bom-tom afirmar que a partir dos anos 1970, Lacan, idoso, não transmitia mais nada que valesse a pena. Em nossa opinião, ocorre exatamente o contrário. O esforço último de Lacan, depois de ter deplorado a teoria da sujeição do sujeito à regra significante, era de levar mais longe a investigação de sua relação com o real. As regras do significante não bastam. Era preciso em alguma medida uma geometria do inconsciente, uma nova figuração das três instâncias em que o efeito-sujeito se desdobra (Simbólico, Imaginário, Real). O recurso de Lacan à topologia era uma exigência interna de uma nova etapa de seu pensamento, que acusava seu materialismo anterior.

Lacan achava que a política não tocava o real. Dizia que "o social é sempre um flagelo". Acontece porém que a dialética do sujeito que ele propôs é um recurso obrigatório, inclusive para o marxismo em crise. É claro, com efeito, que o fiasco dos partidos-Estados tirados da III Internacional abre a uma interrogação radical quanto à essência do sujeito político. Ora, nem o sujeito concebido como consciência (tese de Sartre) nem o sujeito concebido como substância natural convêm. É exatamente do lado do sujeito ao mesmo tempo dividido e errante, aquele de que Lacan, em sua ordem, faz teoria, que podemos encontrar algo para ultrapassar os impasses anteriores. Porque é de uma ruptura que um tal sujeito procede, e não da ideia de que ele representa uma realidade, ainda que fosse a realidade da classe operária. Para um marxista francês de hoje em dia, Lacan funciona como funcionava Hegel para um revolucionário alemão de 1840.

Na situação de banalidade e de rebaixamento relativo dos intelectuais, a morte de Lacan, depois da de Sartre, não resolve nada. Esperávamos plenamente o que ele ainda poderia dizer. Além do conteúdo de seu ensino, havia nele uma ética do pensamento totalmente inusual.

Le Perroquet retomará sem nenhuma dúvida o alcance dificilmente mensurável dessa ética. Tratava-se primeiro de prestar homenagem, sem restrição nem presunção, àquele que não está mais entre nós.

★★★

Jacques Derrida (1930-2004)

Este texto foi pronunciado no colóquio em homenagem a Jacques Derrida, organizado na Escola Normal Superior, em 21 e 22 de outubro de 2005. Precedentemente, apresentei uma versão em inglês na Universidade da Califórnia (Irvine). Mais um cuja amizade necessitaria de tempo para se construir. O dossiê de um de nossos severos conflitos é público, encontramo-lo como apêndice do colóquio Lacan avec les philosophes, *publicado pela editora Albin Michel em 1991, colóquio organizado pelo Colégio Internacional de Filosofia. Dez anos mais tarde mais ou menos, pudemos visar a uma aliança não menos pública, pois, como ele me disse, "nós temos agora os mesmos inimigos". A morte deixou esse futuro em suspenso.*

Houve, na França, para empregar uma expressão cara a Frédéric Worms, um momento filosófico dos anos 1960. Mesmos os que seriam tentados a organizar seu esquecimento o sabem. Não muito mais, talvez, que cinco anos intensos, entre 1962 e 1968, entre o fim da guerra da Argélia e a tempestade revolucionária dos anos 1968/1976. Um simples momento, sim, mas que foi verdadeiramente fulgurante. Podemos dizer que com a morte de Jacques Derrida, a geração filosófica que identificou esse momento desapareceu quase completamente. Não há mais do que uma figura tutelar retirada, um homem bem envelhecido, impassível e glorioso: resta apenas Claude Lévi-Strauss.

O primeiro sentimento que posso então experimentar não é um sentimento especialmente nobre. Eu me digo, efetivamente: "Agora, nós é que somos velhos".

Então, nós... Quem, nós? Pois bem, isso quer muito precisamente dizer nós que fomos discípulos imediatos dos que desapareceram. Nós que tínhamos, naqueles anos, de 1963 a 1968, entre 20 e 30 anos, nós que seguíamos apaixonadamente as lições desses mestres, nós que ao longo de sua velhice e morte tornamo-nos os antigos. Os antigos não a mesmo título que eles, já que eles eram a assinatura do momento do qual eu falo, e que o momento atual, sem dúvida, não merece nenhuma assinatura. Mas os velhos cuja juventude não foi o que ela foi senão por escutar e ler tais mestres, deles discutir dia e noite as proposições. Outrora, estávamos a seu abrigo, apesar de tudo. Estávamos sob a proteção espiritual deles. Eles não nos a propõem mais. Não estamos mais separados do real pela grandeza de sua voz.

Eu faço questão, pois – sinto isso como um dever exigente –, de prestar homenagem a Jacques Derrida, que desapareceu brutalmente, e através dele, a todos eles. Todos os signatários mortos do grande momento dos anos 1960.

A homenagem que me parece apropriada é uma homenagem filosófica. Uma homenagem que assinala a distância e lhe dá sua própria força. Para isso, necessito de algumas preliminares, às quais darei aqui uma forma extraordinariamente simples.

Simplicidade justificada. Pois havia, logo acima da espantosa fluidez volátil de sua escritura, uma autêntica simplicidade de Derrida, uma intuição obstinada e invariante. É uma das numerosas razões pelas quais a violência dos ataques contra ele, logo após sua morte, particularmente na imprensa norte-americana, ataques que visavam ao "pensador abstruso", ao "escritor incompreensível", não passavam da mais banal injúria anti-intelectual.

Chamemos essas injúrias de "texanas" e não falemos mais disso.

Tomemos que se nomeie de "ente" – ente no sentido de Heidegger – uma multiplicidade qualquer e que nos interessemos pelo aparecer desse ente, pelo que faz que desse ente se possa dizer que ele se mostra num mundo determinado. Suponhamos que tentássemos pensar esse ente não apenas segundo seu ser, ou seja, segundo a multiplicidade pura que dele constitui o ser genérico, o ser indeterminado, mas que buscássemos pensá-lo, o que é o gesto fenomenológico por excelência, enquanto ali está, enquanto, pois, o que advém nesse mundo, ou aparece no horizonte de um mundo determinado. Convenhamos nomear essa aparição do ente num mundo, na esteira de muitos outros, como *sua existência*.

A elaboração técnica de uma nova (e integralmente racional) distinção entre o ser e a existência pode tomar diversas formas, e não cabe entrar aqui nos detalhes. Diremos simplesmente que a relação entre ser e ser-aí, ou a relação entre multiplicidade e inscrição mundana, é uma relação transcendental. Ela consiste em que toda multiplicidade se vê atribuir num mundo um grau de existência, um grau de aparição. O fato de existir, na medida em que isso é aparição num mundo determinado, associa-se inevitavelmente a um certo grau de aparição nesse mundo, a uma intensidade de aparição que pode também ser dita intensidade de existência.

Há um ponto muito complicado mas muito importante sobre o qual, aliás, Derrida escreveu muito, e sobre o qual ele nos instrui a todos: uma multiplicidade pode aparecer em vários mundos diferentes. Seu ser-um pode existir multiplamente. Admitimos o princípio da ubiquidade do ser, na medida em que ele existe. Uma multiplicidade pode, pois, aparecer ou existir, é a mesma coisa, em vários mundos, mas, via de regra, ela existe nesses mundos com graus distintos de intensidade. Ela aparece intensamente num tal mundo, mais debilmente num outro, extremamente fraca num terceiro, com uma intensidade extraordinária num quarto. Existencialmente, conhecemos perfeitamente essa circulação nos vários mundos em que nos inscrevemos em intensidades diferenciadas. O que chamamos "a vida", ou "nossa vida", é frequentemente a passagem de um mundo em que aparecemos com um grau de existência frágil a um mundo em que esse grau de existência é mais intenso. É isso, um momento de vida, uma experiência vital.

O ponto fundamental que nos conduz a Derrida é, então, o ponto seguinte. Considerando uma multiplicidade que aparece num mundo, considerando os elementos dessa multiplicidade que aparecem com ela própria – isso significa que a totalidade do que a constitui aparece nesse mundo –, há sempre um componente dessa multiplicidade cuja aparição se mede pelo grau mais fraco.

Eis aí um ponto de extrema importância. Eu o redigo. Uma multiplicidade aparece num mundo, a relação transcendental afeta os elementos dessa multiplicidade com graus de aparição, graus de existência. Acontece que existe sempre pelo menos um desses elementos – na realidade, há apenas um – que aparece com o grau de aparição mais fraco, ou seja, que existe minimamente.

Vocês entendem claramente que existir minimamente no transcendental de um mundo é como não existir de modo algum. Do ponto de vista do mundo, se vocês existem o mínimo possível, é a mesma coisa que não existir. Caso tivessem um olho divino, exterior ao mundo, vocês poderiam eventualmente comparar os mínimos existenciais. Mas se vocês se encontram no mundo, existir o menos possível quer dizer, do ponto de vista do mundo, não existir de modo algum. Por isso chamamos esse elemento de "o inexistente".

Logo, sendo dada uma multiplicidade que aparece num mundo, há sempre um elemento dessa multiplicidade que é um inexistente nesse mundo. É o inexistente próprio dessa multiplicidade, relativamente a esse mundo. O inexistente não tem caracterização ontológica, mas unicamente uma caracterização existencial: é um grau mínimo de existência num mundo determinado.

Eu lhes dou um exemplo massivo e arquiconhecido, um exemplo intensamente trabalhado por Derrida. Na análise que Marx propõe das sociedades burguesas ou capitalistas, o proletariado é propriamente o inexistente próprio das multiplicidades políticas. Ele é o "que não existe". Isso não quer absolutamente dizer que ele não tem ser. Marx não pensa em nenhum momento que o proletário não tem ser, já que ele vai, ao contrário, empilhar volume sobre volume para explicar o que ele é. O ser social e econômico do proletariado não está em dúvida. O que é duvidoso, que sempre o foi e que hoje o é mais do que nunca, é sua *existência* política. A multiplicidade que ele é pode ser analisada, mas, se tomarmos as regras de aparição do mundo político, ele ali não aparece. Ele está ali, mas com o grau mínimo de aparição, qual seja, o grau de aparição zero. É evidentemente o que canta a "Internacional": "não somos nada, sejamos tudo!". O que quer dizer "não somos nada"? Os que proclamam "não somos nada" não estão afirmando sua nulidade. Afirmam simplesmente que eles nada são no mundo tal qual ele é, quando se trata de aparecer politicamente. Do ponto de vista de seu aparecer político, eles não são nada. E o tornar-se "tudo" supõe a mudança de mundo, ou seja, a mudança de transcendental. É preciso que o transcendental mude para que a atribuição da existência, logo que o inexistente, o ponto de não aparecer numa multiplicidade num mundo, mude por sua vez.

Terminemos abruptamente essas preliminares: é uma lei geral do aparecer ou do ser-ali-num-mundo que haja sempre tal ponto de inexistência.

Posso agora cernir o que está em jogo no pensamento de Derrida, seu engajamento estratégico, engajamento no sentido em que Bergson sempre diz que os filósofos somente têm uma ideia. Para mim, o que está em jogo no trabalho de Derrida, no trabalho infinito de Derrida, em sua escritura imensa, ramificada, em número variado de obras, de abordagens infinitamente diversas, é *inscrever o inexistente*. E reconhecer, no trabalho de inscrição do inexistente, que essa inscrição é propriamente falando impossível. A grande aposta da escritura de Derrida, "escritura" que aqui designa um ato do pensamento, é *inscrever a impossibilidade da inscrição do inexistente como forma de sua inscrição*.

O que significa "desconstrução"? No fim de sua vida, Derrida gostava de dizer que se havia uma coisa urgente de se descontruir era a desconstrução, a palavra "desconstrução". A desconstrução tornarase algo do repertório acadêmico, precisava-se naturalmente desconstruí-la. Dar-lhe uma significação era, num certo sentido, dilapidá-la. Penso, todavia, que no caso dele, a palavra "desconstrução" não estava de modo algum academicizada. Ela indicava um desejo especulativo, um desejo do pensamento. Era "sua desconstrução". E o desejo, como todo desejo, partia de um encontro, de uma constatação. Com todos os estruturalistas dos anos 1960, com Foucault, por exemplo, Derrida admitia que a experiência do mundo é sempre uma experiência de imposição discursiva. Estar num mundo é estar marcado por discursos, marcado inclusive na carne, no corpo, no sexo, etc. A tese de Derrida, a constatação de Derrida, a fonte do desejo de Derrida é que, seja qual for a forma de imposição discursiva, há um ponto que escapa a essa imposição, que se pode chamar de ponto de fuga. Creio que a expressão deve ser aqui levada em consideração da forma mais literal possível. Um ponto de fuga é um ponto que, precisamente, foge à regra do dispositivo de imposição.

A partir dali, o interminável trabalho do pensamento ou da escritura é localizar esse ponto. O localizar não quer dizer captar. Porque captar seria perdê-lo. Como fuga, não se pode captá-lo. Pode-se chamar de "problema Derrida" o problema seguinte: o que é captar uma fuga? Não de modo algum captar *o que* foge, mas a fuga como ponto de fuga. A dificuldade que obriga sempre a recomeçar é que se você capta a fuga, ao mesmo tempo você a suprime. O ponto de fuga como ponto de fuga não é captável. Pode-se somente localizá-lo.

Há, em Derrida, algo como a proposição de um gesto de mostração. Um gesto de escritura, quando a escritura é esse dedo, molhado numa tinta branca, que vai mostrar delicadamente o ponto de fuga, ao mesmo tempo que o deixa fugir. Vocês não podem mostrá-lo "como" ponto de fuga, mostrá-lo morto. É isso que Derrida mais teme. Mostrar o ponto de fuga morto. Mostrar o ponto de fuga sem fuga. Vocês têm, pois, uma escritura que vai tentar ser essa mostração. Chamo isso de localização. Porque mostrar é localizar. E dizer: "psiu, está talvez ali, cuidado!... está talvez ali... não o interrompa... deixe-o fugir...".

Derrida é o contrário do caçador. O caçador espera que o animal vá parar, para que possa atirar. Ou que ele vá impedir a fuga do animal. Derrida, por sua vez, espera que a fuga não deixe de fugir, que se vá mostrar a "coisa" (o ponto de fuga) na evidência sem interrupção da fuga. E, pois, em seu incessante desaparecer. Que todo parecer se sustente do (des)aparecer do qual somente se pode localizar, na floresta do sentido, a fuga evadida, eis a aposta escritural do desejo de Derrida.

Mesmo localizar o ponto de fuga – para nada dizer de sua captura, que seria sua morte – é, na realidade, impossível. Porque o ponto de fuga é o que, no lugar, está fora de lugar. Ele é o fora de lugar no lugar. Então, como ele somente existe em seu ato desde o fora de lugar no lugar, não se pode tampouco conseguir exatamente localizá-lo. Vocês desejam mostrar a fuga, e para isso é preciso se embrenhar longamente na floresta que localiza essa fuga. No curso dessa marcha, vocês aprendem que no máximo vocês podem não mostrar a fuga, mas mostrar, bem de longe, a localização dessa fuga, um matagal, uma clareira. E isso já é bem arriscado.

Finalmente, o que seja talvez possível é restringir o espaço de fuga, percorrer um pouco mais lealmente a floresta, ou um pouco menos obscuramente. Se vocês não quiserem tocar na fuga, a localização consiste simplesmente em fazer de modo que a imposição discursiva, a imposição linguageira não sejam tais que o espaço de fuga tudo recubra. Porque, nesse caso, vocês não localizam nada de inexistente. Vocês têm simplesmente o espaço do geral. É preciso ainda assim restringir vosso espaço de marcha para estar mais próximo do lugar onde isso foge. O que quer dizer que é preciso estar no lugar mais próximo possível do que se coloca em exceção ao lugar, do que se coloca fora de lugar. A desconstrução, na realidade, isso consiste em restringir as operações discursivas de tal modo que o espaço de fuga seja localizável como numa cartografia ao se dizer: o tesouro ali está..., ou a fonte está ali... o que se evade está ali... mas... suavemente, bem suavemente... senão o tesouro voou... a fonte não jorra mais... tenho um plano, mas vago, bastante vago para evitar pisar no tesouro... um passo sobre o tesouro e ele não vale mais nada... mesmo o acaso é arriscado... suavemente...

Tomem, por exemplo, as grandes oposições metafísicas. Será preciso diagonalizá-las. Porque restringir o espaço discursivo é não deixar subsistir a massividade, a massividade linear. Não há localização possível do fora de lugar no lugar com grandes oposições binárias. Logo, será preciso desconstruí-las. Será preciso passar através. É isso, a desconstrução. A desconstrução, no fundo, é o conjunto das operações que podem obter uma certa restrição do espaço de fuga, ou do espaço onde se mantém o ponto de fuga. Uma vez mais, é uma operação que se parece com uma caçada ao avesso. Uma caçada em que o que se deve captar é o animal são, desaparecendo, captar o salto fora de lugar do animal. É por isso que cabe dele se aproximar ao máximo. Talvez mesmo muito mais do que seria para atirar. É preciso, pois, que vocês tenham uma localização paciente. Isso supõe uma cartografia elementar das grandes distinções, entre a vila e o campo, a montanha e o vale, o ser e o ente, e é preciso que esse quadriculado seja pouco a pouco reduzido.

Donde toda uma série de discussões. Por exemplo, a discussão com Heidegger a propósito do alcance efetivo da diferença entre o ser e o ente. Quando Derrida propõe o conceito de "diferância", deseja fazer ouvir um termo único que ativaria a distinção ser/ente em seu ponto de fuga. Derrida *coloca em fuga* o que subsiste de oposição metafísica na diferença ser/ente, de modo que se capte a diferença como tal, *em seu ato*. E a diferância, em seu ato, é evidentemente o que está em ponto de fuga de toda oposição do ser e do ente, é o que não é de modo algum redutível à figura dessa oposição. E depois, do mesmo modo, será necessário examinar a oposição democracia/totalitarismo. Ou, então, o alcance real da oposição Judeu/Árabe no conflito palestino. O método é sempre o mesmo. Ali também, na oposição Judeu/Árabe, no conflito palestino, Derrida adotou como posição desconstruir a dualidade.

O método é sempre o de encontrar o que identifica um lugar como território de um ponto de fuga, com relação à oposição que certifica prematuramente o lugar como divisão, como partição, como classificação.

Derrida desclassifica os negócios classificados.

Derrida foi em todas as questões em que intervinha o que eu chamo de um corajoso homem de paz. Ele era corajoso porque é preciso sempre muita coragem para não entrar na divisão tal como ela é constituída. E homem de paz porque a baliza do que se encontra em exceção a essa oposição é, de modo geral, o caminho da paz. Pois toda paz verdadeira se faz por um acordo não sobre o que existe, mas sobre o que inexiste.

Essa obstinação diagonal, essa recusa das partilhas abruptas de proveniência metafísica, não convém, evidentemente, nas épocas tempestuosas, quando o todo está submetido a uma lei de decisão, aqui e agora. É isso que manteve Derrida distante da verdade dos anos vermelhos, entre 1968 e 1976. Porque a verdade desses anos se dizia: "Um se divide em dois". O que se desejava poeticamente era a metafísica do conflito radical, não a paciente desconstrução das oposições. E ali Derrida não pôde seguir. Ele teve de se ausentar. Ele se exilou, por assim dizer.

É que havia nele, homogênea à sua paciência literal, e mesmo se ele não ignorava a violência de toda verdadeira paciência, uma enorme doçura especulativa. Havia um tocar derridiano. Seu grande livro sobre isso, com Jean-Luc Nancy, chama-se *Le Toucher*. Belíssimo livro do ano 2000. É seu "tratado da alma", seu tratado das sensações, seu livro mais delicadamente aristotélico. Derrida deseja ali dar uma nova descrição da relação entre o sensível e o pensamento. Ali, ainda, é preciso encontrar o que está em ponto de fuga da oposição entre o sensível e o pensamento. No tocar, há algo como isso. Algo de tão delicadamente sensível que se torna indiscernível do pensamento.

É também por isso que Derrida gostava cada vez mais da forma do diálogo. Diálogo com Hélène Cixous, com Élisabeth Roudinesco, Habermas ou outros. Diálogo em particular com isso que se poderia chamar de posição feminina. No diálogo com uma posição heterônoma, vocês irão tocar, talvez, no que foge à Lei, no que salta suavemente para fora do *nomos*. Vocês irão ser por isso acariciados *de passagem*. Essa passagem do tocar correspondia bem profundamente ao desejo filosófico de Derrida.

Quando se deseja algo, é para fazer o que disso? Esse desejo, esse desejo do inexistente, significa necessariamente, como em todo desejo, que é preciso no fim acomodá-lo em algum lugar, esse inexistente. Acomodá-lo sobre a folha branca, por exemplo. Ainda que se saiba que ele já se levantou. Ele já se encontra alhures. Já partiu. Tal era o desejo de Derrida: localizar, tocar, estreitar, menos ainda do que um instante, o inexistente de um lugar, a fuga de um ponto de fuga. Inscrever sua exscrição.

Isso violava os costumes filosóficos para os quais o fundamento da inexistência é o nada. Ora, vocês não podem de modo algum dizer do inexistente que ele é o nada. Ali está toda a dificuldade. Ali reside o erro metafísico, o único erro metafísico remediável. O erro metafísico por excelência, de ter identificado o inexistente ao nada. Porque o inexistente *é* justamente. Ele é absolutamente. É bem por isso que os proletários, que inexistem, podem sustentar-se em seu ser para dizer: "Nós não somos nada, sejamos tudo". É mesmo a definição da Revolução: um inexistente se vale de seu ser-múltiplo para declarar que ele vai existir absolutamente. Certamente, por isso, é preciso mudar o mundo, o transcendental do mundo.

O inexistente é *nada*. Mas ser nada não é de modo algum nada ser. Ser nada é inexistir de modo próprio a um mundo ou a um lugar determinado. Assim se esclarecem os deslizamentos alternados, característicos da prosa de Derrida. É o deslizamento entre o "se você diz que o inexistente *é*, vocês perdem naturalmente de vista isso de que ele não existe", e o: "se vocês se contentam em dizer que ele não existe, vocês perdem de vista isso de que ele *é*". E, pois, nenhuma oposição constituída consegue realmente qualificar em termos de oposição binária o estatuto exato do inexistente. Porque vocês deslizam sempre do ser à inexistência, depois da inexistência ao ser. De tal modo que com Derrida, vocês têm uma lógica que não se autoriza mais da distinção fundamental entre a afirmação e a negação.

Acredito que isso seja o fundo do problema. A desconstrução é conduzida a seu termo quando o espaço lógico no qual vocês operam não é mais de modo algum o da oposição da afirmação e da negação. Eu diria que o tocar é isso. O tocar é um operador lógico. Quando vocês tocam algo, vocês são esse algo, e vocês não o são. É todo o drama da carícia amorosa. Se referir a um texto, ou a uma situação política, como a carícia amorosa se refere logicamente a um corpo, tal é o ideal da desconstrução. Ideal do tocar. No tocar, o que toca não está separado do que é tocado senão por uma inexistência, um ponto de fuga inassinalável. Pois o que diferencia os dois "atantes" do tocar, o ativo e o passivo, nada mais é do que o ato de tocar, o qual, justamente, é também o que os conjuga. Então, há esse deslizamento, que eu chamo de deslizamento essencial, que é o deslizamento entre ser e existir. É isso, o deslizamento supremo, o deslizamento que tem por signo, por *slogan*, o inexistente.

Derrida instalou na linguagem esse deslizamento. Isso será minha última observação. Ele tentou dizer que toda palavra verdadeira é um deslizamento. Uma palavra não é uma referência, não é um significante, é um deslizamento entre ser e existência. Uma palavra soa justa quando desliza segundo o inexistente. "Deslizai mortais, não insistais!" é o que creio que Derrida dizia escrevendo às suas próprias palavras. É por isso que foi tão criticado. Mesmo a mim ele por vezes irritava por suas extraordinárias acrobacias verbais, suas derivações, o deslize infinito de sua prosa. Mas pode-se, deve-se render justiça a tudo isso, pois a mostração do deslizamento traz consigo o desejo do inexistente. O ponto de fuga, é preciso mostrá-lo fazendo-o fugir a língua. Vocês têm de ter uma língua de fuga. Vocês não podem organizar na linguagem uma mostração do inexistente senão servindo-se de uma língua que suporte inexistir. Uma língua de fuga. E nesse caso, como o dizia Genet, "minha vitória é verbal".

Minha homenagem última também será verbal, por sua vez.

Em homenagem a Derrida, eu direi e escreverei doravante inexist*â*ncia, com um "a". A inexist*â*ncia. Como ele disse a difer*a*nça. E, no fundo, bem perto do que ele quis dizer quando inventou, há muito tempo, a palavra difer*a*nça. A palavra difer*a*nça é no fundo a operação pela qual Jacques Derrida tentou acomodar a inexistência. Acomodar como se acomoda por escrito. Ele tentou acomodar o inexistente na difer*a*nça como ato de escritura, como deslizamento. Em sua orientação, eu também tentarei acomodar a inexistência infringindo-lhe o deslizamento do "e" para o "a", pelo qual se significa, na sua maneira mundana de existir, que seu ser não é por isso menos irredutível. Não somos nada, sejamos. É o imperativo da inexist*â*ncia. Não se sai dali. Obrigado a Jacques Derrida por ter sido um guardião vigilante desse imperativo.

★★★

Origem dos textos

Deleuze. Gilles Deleuze: sur *Le Pli: Leibniz et lebaroque*. In: *Annuaire philosophique: 1988-1989*. Paris: Seuil, 1989. p. 161-84.

Alexandre Kojève. Hegel en France. In: *Le Noyaurationnel de la dialectique hégélienne*. Paris: François Maspero, 1978. p. 11-17.

Canguilhem. Y a-t-il une théorie du sujet chez Georges Canguilhem. In: *Georges Canguilhem: philosophe, historien des sciences*. Actes du colloque, 6-7-8 décembre 1990. Paris: Albin Michel, 1993. p. 295-304.

Paul Ricœur. Le sujet supposé chrétien de Paul Ricœur. *Élucidation*, n. 6-7, p. 19-23, mars 2003.

Sartre. Melancholia: saisissement, dessaisie, fidélité. *Les Temps Modernes*, p. 14-22, 1990.

Althusser. Le (Re)commencement du matérialisme dialectique. *Critique*, n. 240, p. 438-467, mai. 1967.

Lyotard. Custos, quid noctis?. *Critique*, n. 450, p. 851-863, nov. 1984.

Françoise Proust. Sur le livre de Françoise Proust: *Kant: le ton de l'histoire*. *Les Temps Modernes*, n. 565-566, p. 238-248, 1993.

Jean-LucNancy. L'Offrande réservée. In: *Sens entous sens: autour des travaux de Jean-Luc Nancy*. Ed. Francis Guibal et Jean Clet Martin. Paris: Galilée, 2004. p. 13-24.

Barbara Cassin. Logologie contre ontologie. *Po&sie*, n. 78, p. 111-116, déc. 1996.

Rancière. Les Leçons de Rancière: savoir et pouvoir après la tempête. In: *La Philosophie déplacée: autour de Jacques Rancière*. Paris: Éditions Horlieu, 2006. p. 131-154.

Lacan. Jacques Lacan (1901-1981). *Le Perroquet*, n. 0, nov. 1981.

Derrida. Prononcé à l'École Normale Supérieure. *Inédit*, oct. 2005.

Coleção FILÔ

Gilson Iannini

A filosofia nasce de um gesto. Um gesto, em primeiro lugar, de afastamento em relação a certa figura do saber, a que os gregos denominavam *sophia*. Ela nasce, a cada vez, da recusa de um saber caracterizado por uma espécie de acesso privilegiado a uma verdade revelada, imediata, íntima, mas de todo modo destinada a alguns poucos. Contra esse tipo de apropriação e de privatização do saber e da verdade, opõe-se a *philia*: amizade, mas também, por extensão, amor, paixão, desejo. Em uma palavra: Filô.

Pois o filósofo é, antes de tudo, um *amante* do saber, e não propriamente um sábio. À sua espreita, o risco sempre iminente é justamente o de se esquecer daquele gesto. Quantas vezes essa *philia* se diluiu no tecnicismo de uma disciplina meramente acadêmica e, até certo ponto, inofensiva? Por isso, aquele gesto precisa ser refeito a cada vez que o pensamento se lança numa nova aventura, a cada novo lance de dados. Na verdade, cada filosofia precisa constantemente renovar, à sua maneira, o gesto de distanciamento de si chamado *philia*.

A coleção FILÔ aposta nessa filosofia inquieta, que interroga o presente e suas certezas; que sabe que as fronteiras da filosofia são muitas vezes permeáveis, quando não incertas. Pois a história da filosofia pode ser vista como a história da delimitação recíproca do domínio da racionalidade filosófica em relação a outros campos, como a poesia e a literatura, a prática política e os modos de subjetivação, a lógica e a ciência, as artes e as humanidades.

A coleção FILÔ pretende recuperar esse desejo de filosofar no que ele tem de mais radical, através da publicação não apenas de clássicos da filosofia antiga, moderna e contemporânea, mas também de sua marginália; de textos do cânone filosófico ocidental, mas também daqueles textos fronteiriços, que interrogam e problematizam a ideia de uma história linear e unitária da razão. Além desses títulos, a coleção aposta também na publicação de autores e textos que se arriscam a pensar os desafios da atualidade. Isso porque é preciso manter a verve que anima o esforço de pensar filosoficamente o presente e seus desafios. Afinal, a filosofia sempre pensa o presente. Mesmo quando se trata de pensar um presente que, apenas para nós, já é passado.

Este livro foi composto com tipografia Bembo Std e impresso em papel Off-White 70 g/m² na Formato Artes Gráficas.